天下文化

BELIEVE IN READING

| 心理勵志 BBP330B |

發現天賦之旅

Finding *Your* Element

How to Discover Your Talents and Passions and Transform Your Life

肯·羅賓森 Ken Robinson
盧・亞岩尼卡 Lou Aronica＿著

廖建容＿譯

發現天賦之旅

目錄

推薦語

二〇一〇年六月，我前去拜訪當時的教育部長，身邊所帶的就是羅賓森爵士所著的《讓天賦自由》。羅賓森爵士讓我察覺到原來教育的困境是全球的問題，讓關懷台灣教育的我有一種找到知音的喜悅，因此急切地希望與教育首長分享，而這也成為我後來寫《教育應該不一樣》的驅動原因之一。

《發現天賦之旅》這本新書，運用更具體的範例來教導每一位家長、老師及個人，以更深入的方法探索自己的天賦，並進一步善用發揮，這對目前面臨迫切教育改革需求的台灣，真可說是一本能夠協助大家深入探討的好書，謹此推薦。

公益平台文化基金會董事長　嚴長壽

推薦文

成為你自己

政治大學創新管理教授　李仁芳

人最大的挑戰，就是活出自我。德國文學家赫曼・赫塞在他的「流浪者之歌」中，藉主人翁之口感嘆，「我一切所思所為，不過是想成為我自己而已，為何竟是如此艱難？」

「認識自我（Know Thyself）」是智慧的開端，古希臘德爾懷（Delphi）阿波羅太陽神神殿前的石階上，也刻著這樣的字眼。太陽大神似乎在諭曉眾生，不論富貴貧賤，要求未來、要問吉凶，求神不如求己，問天不如自問吧！

要問自己什麼呢？

《發現天賦之旅》再三提醒，每一個人都要及早問自己這個問題：你擅長什麼？你熱愛什麼？你是否投入在你的天賦或天命呼召要你從事的志業中？

依照《發現天賦之旅》的建議，我們不需要老是執著於自身的弱勢，反而是要明智地轉移本身的弱點，而且要重新編組自身的資源，避開本身弱點，投資自己的時間、精力於個人的天賦長處與優點的開發。

弱勢不爭，但強處當仁不讓。在氣勢上保持強烈企圖心，退一步、進三步；連消帶打，半守半攻，永遠維持旺盛的熱情精神。

人生的追求，與其問鬼神卜蒼生，不如徹底認識自我，盤點自己的天賦、資源，與條件。從自己天賦能掌握的資源基礎（Resource Base）出發，且戰且累積新資源，一路拉高企圖，活用每一個當下己身累積掌握的戰鬥條件（Stretch & Leverage），這是追求人生意義最關鍵的竅門。

即便只是孩子，當孩子們正在做他們喜歡的事時，可以專心好幾個小時，幾乎頭也不抬一下。芝加哥大學研究創造力的學者契可森米哈賴，歸納出高創造力族群，經常能進入一種「心流（flow）」狀態，沉浸其中，不覺時間之流逝，許多驚人的創造力成果因而誕生。

曾出任雲門二舞團藝術總監的伍國柱（作品〈斷章〉、〈在高處〉），是一個把握住自己「熱情」，盡力「延展（Stretch）」本身天賦資源的一個動人例子。出生於南台灣高雄縣彌陀鄉的伍國柱，二十四歲才開始學舞，十年後奇蹟似的當上德國卡薩爾舞蹈劇場藝術總監。

九十六公斤的他，其實根本不適合當舞者，在經過德國福克旺藝術學院老師瑪露・阿羅多（Malou Airodou）的影響與啟發後，他從「成為九十六公斤體重的天鵝」執著中解脫，跳出自己，活出自我。他的「發現天賦之旅」，只聽聞自身內心的鼓聲前進。自此視野、境界為之開闊，大開大闔展開他的舞蹈創作生涯。

伍國柱在其作品〈在高處〉中，曾以一舞者孤單幽微地隻身與主流群體對峙，像是象徵所有以不羈的心志，筆直上昇的精神，睥睨主流群眾的創新者，必須經歷的意志鍛鍊。在南台灣高雄平原邊緣的小漁港彌陀鄉下長大的伍國柱，當然瞭解從領域邊陲，往世界中心寸寸推進的辛苦、血汗與磨難。

一項「工作」會成為你的「呼召」（calling）、你的「志業」，你一定得非常非常熱愛它。呼召或志業的追尋，其間一定許多磨難與挑戰，如果你不是如此熱愛這項工作，你如何能與之相擁相抱一輩子，顛沛造次，生死以之？

關於「做自己」，書中提及另一令人超乎想像的例子：奧斯卡獎和葛萊美音樂音樂獎的常勝軍漢斯・季默（Hans Zimmer）。他創作過超過一百首的電影配樂，悠揚在「獅子王」、「黑暗騎士」、「神鬼戰士」，以及「全面啟動」等賣座電影中。

他在學校總是坐不住，主流教育體系一致認為他是「注意力無法集中的問題學生」。雖然他直到現在都看不懂傳統樂譜，但他發現音樂可以讓他專心。他可以長時間坐在鋼琴前，創作音樂旋律。彈奏曲子就像他的第二天性。

他同時發現自己的一項天賦：他天生對於模式、形狀與建築物非常有概念。他看法蘭克・蓋瑞等建築大師的作品，看到的卻是音樂所呈現出來的形狀，「當形狀與模式看起來是對的，這音樂聽起來通常很好聽。」

我們每個人都可以追隨天賦的召喚，就像舞蹈之於伍國柱、音樂之於漢斯，不只是一種熱情，更是尋得人生意義與成就的途徑。

《發現天賦之旅》對於我們每個人自我能量的探索與釋放，都帶來極深刻的啟示。

與天賦相識，既冒險又幸福

大小創意齋負責人　姚仁祿

愛因斯坦曾說：「阻礙我學習最大的，是我所受的教育（The only thing that interferes with my learning is my education）」，顯然現代教育的困境，不是最近才有。

「現代教育，總是把人的創意，教丟了！」多年來，本書作者羅賓森爵士總是呼籲，教育應該徹底改革。

現代教育出了什麼問題？大概許多人都會同意，主要有三：

一是，多數的教育機構，教你不想學的，不教你想學的；二是，多數的家長與學長擔心沒有前途，不敢學自己想學的；三是，許多學生被制式教育捆綁腦袋太久，已經說不上來，自己想學什麼。

說起來真是悲劇，世界上那麼多國家，花費那麼多預算辦教育，得到的卻是這樣的結果。而羅賓森爵士在《讓天賦自由》一書中，認為「發現天賦」是改革的關鍵；而他的最新著作《發現天賦之旅》，正是希望回答幾個重要的問題：

其一，我如何發現我的才能與熱情是什麼（How do I find out what my talents and passions are）？

其二，如果我喜歡的，我不會，該怎麼辦（What if I love something I'm not good at）？

其三，如果我會的，我不喜歡，該怎麼辦（What if I'm good at something I don't love）？

其四，如果我的天賦，養不活我自己，該怎麼辦（What if I can't make a living from my Element）？

其五，如何幫助孩子發現自己的天賦（How do I do help my children find their Element）？

如果你是家長，第五個問題大概也是你最關切的。請你記得，天賦是與生俱來的，讓孩子真心擁抱，人生才多些色彩，才少些遺憾。

這本書的一字一句，慢慢讀、順著讀或跳著讀，甚至倒過來讀，總有字句會觸動我們，讓我們張開靈魂的眼睛，眺望孩子的未來，而不是只用世俗的近視眼，為孩子摸索一個連你也不（真心）喜歡的未來。

為了順應現有的教育系統，讓孩子遠離熱愛的天賦，強迫孩子學習學不來的東西；這樣的學習，是因為家長害怕，並不是因為孩子需要。翻閱這本書，你大概會懂這個道理（嚴格來說，你一定早就懂了，只是害怕萬一孩子與眾不同，到頭來走投無路，怎麼辦？）。

也許當你讀過這本書的一半，大概也能體會，讓孩子以熱情擁抱天賦，確實是一種冒險，也不一定保證成功；但是，讓孩子遵循與大家一樣的方向，看似沒有風險，卻是最大的風險，因為你讓孩子放棄了天生俱有的獨特資產。

如果你不是為了孩子閱讀本書，只是出於好奇，或是有緣，那麼請你記得，一定要閱讀第九章，找到一句話：「當你開始對工作感到得心應手時，就要小心了，因為，你已經陷入了一個慣性模式，不再充分鍛鍊您的腦力和體力了。」從這句話開始，向前面幾頁讀去，無論你幾歲，你也有機會靈感如泉湧，發現自己真正的天賦在哪裡。

我們這種住在這個星球上的哺乳類，早已陷入了不敢「多樣化」與「獨特化」的危機，這樣的危機會讓我們的物種，在思想上長期近親交配，最後放棄天賦，瀕臨絕種。

如果您深知自己的天賦，並且已經將工作與生活融入天賦，那麼我鼓勵你，應該積極籌備、把自己的經驗寫出來出版，或者是在網路上發表，幫助更多人過著充滿熱情與使命感的人生。

推薦文

內向學習

政治大學科技管理研究所教授　溫肇東

草莓族、啃老族、尼特族、22K、高學歷賣雞排，或大學生競相去搶國考的窄門，都是這一代年輕人的部分剪影與寫照。當然在國際科學、設計、遊戲競賽、海外志工等領域，我們也看到一些英雄出少年的案例。因經濟與時代快速變遷，台灣似乎沒有一個共識的方向；產業轉型無方，能源、文化、教育政策也無法正常地理性討論，社會充斥負面能量，最近整個台灣確實有點悶，也不能全怪年輕人。

在多元的社會，人性本來就有各種的可能性，行行出狀元，大家可以各自發展。但我們比較憂心的是，大家在焦慮與急躁的狀態下，不容易深刻反省（Reflection），不易向內看，如作者羅賓森爵士所說的「發現天賦」，或找到自己的「天命」。

長久以來，代工文化重視的績效指標（ＫＰＩ），形成施振榮先生所說的「半盲文化」。我們只重視「有形、直接與短期」，而忽略「無形、間接與長期」的績效與價值。學校教太多知道（Knowing），很少教「做到」（Doing），更少教存在的意義（Being）、或本書所稱的天命、天賦。從高中選組、大學選系、畢業選職業，年輕人很少能向內看，發現自己擅長什麼？熱愛什麼？什麼才能令自己快樂？也不了解自己的態度，立足於哪裡？自己的族人在哪裡？弄清楚這些，才有機會過著充滿熱情與使命感的人生。

在各級學校，教師以知識的傳授為主，重視工具方法的學習，確保熟悉步驟與工法，導致於台灣人很善於解題，至於做什麼題目、問什麼問題則在其次，因此不易產生原創及品牌。代工文化和過去的教育內涵「交纏引繞」，不易分出因果。一個社會的集體價值及行為模式是由其成員共創的，今日的許多現象，包括半盲文化，是家長、官僚體制、企業主，以及勞工交互形塑出來的。啃老族、靠爸族亦是跨代之間的默許，要如何突破這些歷史共業找出新機呢？

羅賓森爵士的前兩本書《讓天賦自由》和《讓創意自由》，提供了個人若能發揮創造力、想像力，所能達成的舒坦境界。本書則更進一步直指核心，如何向內找到自己的天命，會讓自己真正快樂的事，透過這幾個章節，一步一步引導你與自己對話，向內學習。

外界變動劇烈、社會氣候紛擾，人與自己溝通、傾聽自己內心聲音的機會、場合愈來愈少，大部分的人只能隨波逐流。本書中文版將「Finding Your Element」翻譯為「發現天賦之旅」也很傳神。人生本來就是一個旅程（Journey），認識天命的人生與不認識的人生會有很大的差別。一個社會中找到自己天命的人愈多，社會的「正向情緒」或「正能量」會愈大，能共同成就的事情愈多。很多知識在雲端，隨手可得，但人生的智慧與「看見」，則在方寸之間，不假外求。羅賓森爵士在台的這第三本書，像是及時雨，看看是否能澆醒我們這塊逐漸枯竭的土地和逐漸荒蕪的心靈。

序言

人類的天賦才能就像天然資源一樣被埋在深處，
你必須努力將它挖掘出來。
這個過程將充滿挑戰與收穫，
不論結果如何，
它絕對值得你費心探究。

本書的目標是幫助你找到自己的天命。

幾年前，我在奧克拉荷馬州聽到一個流傳已久的故事。有兩條小魚正順流而下游去，途中遇到一條正逆流向上游的大魚。大魚說：「早啊，小朋友。你們覺得今天的水溫怎麼樣？」兩隻小魚對前輩微笑，然後繼續向前游。過了一會兒，一隻小魚問另一隻小魚：「什麼是水？」提出疑問的小魚將水的存在視為理所當然，渾然不覺自己正悠遊於河水中。歸屬於天命就是這樣的感覺，它讓你在做某件事時有如天經地義般自然，而且發自內心做你自己。

你呢？你找到你的天命歸屬了嗎？你知道自己的天命是什麼，或是該如何找到它嗎？世上有許多人已經發現自己的天命，覺得自己正在做天生該做的事。然而，有更多的人還沒有找到這種感覺。也因此，他們活得並不痛快，而是無奈地過日子，一心只期待週末的到來。

我們在二〇〇九年出版了《讓天賦自由》（*The Element: How Finding Your Passion Changes Everything*）。那本書主要在談上述兩種生活方式之間的差異，以及兩者所帶來的不同結果。

所謂的天命，就是個人的天賦與熱情的交會點。簡單來說，歸屬於天命指的是你正在做你自然而然愛做的事，可能是彈吉他、打籃球、烹飪、教書、從事科技方面或是與動物相關的工作。這種已歸屬於天命的人，可能是老師、設計師、持家者、娛樂界人士、醫療從業人員、消防員、藝術家、社工人員、會計師、行政人員、圖書館員、森林管理員、軍人等等；任何工作都可以成為你的天命。

我最近與一位六十出頭的女性聊天，她做了一輩子的會計師。從小學時代開始，任何數學概念，她總是一學就會，對數學也非常著迷。簡言之，她「得其所哉」了。因此，尋找天命的一個關鍵步驟，是找出並了解自己真正的天賦是什麼。

然而，歸屬於天命並不只是從事你擅長的事，因為許多人擅長於做自己其實並不喜歡的事。想要歸屬於天命，也必須熱愛自己從事的工作。我剛才提到的會計師，正是如此。她不僅非常有數字概念，還樂在其中。對她而言，擔任會計師根本不算是工作，而是她熱愛做的事。孔子曾說：「知之者不如好之者，好之者不如樂之者。」孔子不曾讀過《讓天賦自由》，但他那句話與本書的說法不謀而合。

《讓天賦自由》的目標，是鼓勵人們從不同的觀點來思考自己，以及自己可以擁有的人生。這本書得到了來自世界各地、各個年齡層讀者的廣大迴響，到目前為止，已經被翻譯成二十三種語言。在演講或簽書會的場合，我常聽到人們告訴我，他們買書是因為想要尋找人生的新方向。也有人說，他們是為了自己的子女、伴侶、朋友或是父母購買此書。我總是逢人就問，他們從事什麼樣的工作，以及是否樂在其中。不論他們的職業是什麼，有些人很快就回答，「我熱愛我的工作」，而且臉上透露出光彩。我那時立刻知道，他們已經找到了自己的天命，至少是目前這個階段的天命。其他人則是遲疑了一下，然後說了「還可以」或是「混口飯吃」之類的話。我知道，他們還在尋尋覓覓。

找到自己的天命為什麼很重要？最重要的是個人層面的因素。它對於你了解自己是個什麼樣的人以及能夠在人生中成就些什麼，至關重要。第二個因素屬於社會層面，有許多人找不到人生的意義。這個說法的證據隨處可見：現今的社會上有極多人對自己的工作不感興趣；有愈來愈多學生因為僵化的教育制度而感到孤立無援；世界各地服用抗抑鬱劑和止痛藥以及開始酗酒的人數，節節升高。而最令人痛心的證據，就是每年自殺的人數不斷上升，尤其是年輕人自殺的案例。

人類的天賦才能就像天然資源一般被埋在深處，你必須努力將它挖掘出來。整體來說，學校、企業與社會都沒有好好教導我們，該如何發掘自己的天賦，而我們的社會也因此付出了慘痛的代價。我並不是說，幫助每個人找到自己的天命，可以解決所有的社會問題，但至少會有所助益。

第三個因素屬於經濟層面。是否尋得天命不只會影響你賴以謀生的工作。有些人不想靠天命謀生，而有些人則是無法靠天命謀生，這與每個人的天命是什麼有關係。從根本來說，找到天命歸屬可以讓你的整體人生更加平衡。不過，還有其他經濟上的因素。

在現代，你在個人職業生涯中可能會經歷各種不同的工作，甚至涉足不同的職業類別。

你的第一份工作很可能不是你的最後一份工作。了解自己的天命，會讓你更有方向感，而不會隨意從一份工作換到下一份。不論你正值什麼年齡，了解自己的天命，最能幫助你找到可以實現自我的工作。

假如你目前正在就業中，你有可能正準備讓自己的人生改頭換面，尋找一種最能夠與真我呼應的謀生方式。

假如你目前正在待業，此時正是檢視自己與環境，尋找新方向的最佳時機。在經濟衰退的時代，發現天命格外重要。你尋得自己的天命後，比較能找到靠天命謀生的方式。對企業組織而言，能否找到樂在工作的員工，至關重要，尤其是在銀根緊縮時。假如員工能全心投入工作，企業成功的機率就會大大提高。相反的，假如大部分員工對工作漠不關心、憤世嫉俗或消極被動，企業要成功就會困難重重。

假如你已經退休，那就更沒有遲疑的理由了。要重拾年少時曾有的夢想，並探索當年沒有踏上的路，現在正是時候。

《讓天賦自由》旨在鼓勵並啟發大眾，它並不是要做為實用指南。自從書發行以後，許多人曾問我，該如何尋得自己的天命、或是幫助他人找到天命。他們還問了許多其他的問題，例如：

- 假如我沒有任何特殊才能，該怎麼辦？
- 假如我沒有任何熱情，該怎麼辦？
- 假如我對自己熱愛的事並不擅長，該怎麼辦？
- 假如我對自己擅長的事並不熱愛，該怎麼辦？
- 假如我無法靠天命謀生，該怎麼辦？
- 假如我有太多其他應該承擔的責任與該做的事，該怎麼辦？
- 假如我現在的年紀太輕，該怎麼辦？
- 假如我現在的年紀太大，該怎麼辦？
- 我的天命只有一個嗎？
- 我們的天命是終生不變、還是會隨著時間而轉變？
- 我怎麼判斷自己是否已經找到天命？
- 我該怎麼幫助我的孩子找到他們的天命？

這些問題都是有答案的。《讓天賦自由》的熱賣，讓我意識到我必須提供這些問題的解答，而這也是本書存在的初衷。因此，不論你目前正從事什麼樣的工作、生在什麼環境、年紀有多大，只要你正在追尋自己的天命，本書就是為你而寫的。你此時可能：

- 正因為看不到自己真正的天賦與熱情，而困擾不已
- 正在就學，不知道該選修哪些課程，以及選修的理由
- 正在決定究竟該去上大學、還是先去做其他的事
- 不喜歡目前的工作，但不知道離開後該往哪個方向走
- 正值壯年或退休，想要設定新的人生方向
- 正在待業中，很想釐清現在該做什麼

如果你有認識的人正在追尋自己的天命，那麼本書也是為他們而寫。

書裡有哪些內容？

本書是伴隨《讓天賦自由》而自然產生的接續作品，它以《讓天賦自由》的中心思想為出發點，提供建議、方法與資源，幫助你在自己的生活中實踐那些理念。

本書包含十個章節。第一章先說明歸屬於天命的基本原則與規則，以及你應該這麼做的理由是什麼。第二章幫助你了解自己的天賦是什麼，並提供工具和技巧以達成目標。第三章檢視你為何沒能完全了解自己天賦的深度與廣度，以及你接下來該怎麼做。第四章的主旨

在於找出你的熱情所在，以及它與追尋天命、提升精神能量有什麼關係。第五章探討快樂是什麼，以及尋得天命可以如何讓你過得更快樂。第六章把焦點放在你的態度上，探討你的態度究竟是阻礙你或是推動你前進。第七章幫助你盤點你的現況，並創造改變的契機。第八章談論該如何與其他有相同天命的人連結起來。第九章幫助你擬訂行動計畫，踏出關鍵的下一步。第十章回顧與總結本書的主旨，並再次強調你該展開這趟旅程的理由。

全書由五個元素交織而成，每個元素都可以幫助你深思與聚焦於發現你的天命。

觀念與原則

本書的每一章都會提出一些觀念與原則，幫助你澄清歸屬天命的真正意涵，以及它在你的日常生活中會以什麼樣的方式呈現。本書延續《讓天賦自由》中提到的概念，同時也會介紹許多重要的新觀念，幫助你找尋天命，以及知道什麼樣的狀況代表你已經歸屬天命。這些新觀念涵蓋了天賦與能力、學習風格、熱情、態度與個性、幸福與目標等主題。

故事與範例

書中會提供許多新的故事，這些故事的主人翁來自各行各業，故事呈現了他們是如何尋得天命，又費了多少努力，以及他們的人生從此有什麼不同。其中許多故事的主人翁，在讀過《讓天賦自由》之後深受啟發，於是決定告訴我們，書中的原則如何在他們生命中發揮作用。

他們每個人的天命各不相同，事實上，世上每個人的天命都不會相同，而且通常相當明確：它不會是廣義的教育，而是教育某一個族群，例如幼兒或成人；不會是所有的音樂類型，而是爵士樂；不會是所有的運動，而是籃球或游泳；不會是廣義的科學，而是病理學；不會是廣義的寫作，而是寫女性小說。

本書提供其他人的親身經驗，是為了幫助你規劃你自己的路。我們用真實的例子告訴你，尋得天命真的可以讓你的人生徹頭徹尾改變。

此外，這些故事也描述了大多數人在過程中遭遇的阻礙與挫折，而這在現實世界裡，在所難免。

練習

書中提供了許多實用的練習，幫助你找尋天命。你可能會覺得某些練習特別有趣、困難或是幫助你看清了事實。這完全取決於你如何運用這些練習，以及你的認真程度。你可以把這個部分完全跳過，也可以用速讀一遍來代表你已經練習過。一切由你決定，畢竟，這是你的書，你用的是你的時間。

假如你真的很想找到自己的天命，我建議你要做完所有的練習。這並不是考試，也沒有所謂的做錯或是不及格。然而，它們也不是根據能保證結果成功的神奇方程式。它們存在的目的，是為了幫助你對自己的現況、才能、熱情、態度與發展的可能，進行深思。

有些練習需要運用一些輔助材料，因此，請你盡可能準備好下列這些東西：大張的紙、各色的筆與鉛筆、各色的便利貼、各種雜誌、膠帶，以及任何你想要拿來用、拿來玩的東西。此外，還要準備日記本和塗鴉本。閱讀本書的同時，請隨時記下你的思緒、腦海中出現的影像、隨意的塗鴉、手繪的圖、你想起的旋律等等。內容與素材愈多元豐富愈好。

本書的主題之一，是每個人的思考方式各不相同。因此，當你進行這些練習時，請保持靈活的彈性，盡情揮灑創意。重點在於，你要找到最能啟發自己的方式，來做這些練習。假如文字運用是你的強項，你可能偏好用寫的。同樣的，你也可能比較喜歡用塗鴉、畫圖、動動身體、跳舞，或是親手製作一些東西、繪製圖表、寫方程式等方式，來進行這些練習。至於你比較想用文具還是電腦應用程式來執行，完全由你來決定。請採用對你最能產生效果的方式，而你所選擇的方式，很可能就是幫助你歸屬於天命的重要線索。

不論你決定要使用哪一種工具，我建議你在進行練習時盡可能專心，排除任何可能讓你分心的干擾。在進行每一次的練習時，請你設法抽出大約半小時的空檔，一個人獨處。假如你想用電腦來練習，請把所有其他的干擾功能都關掉——通話、簡訊、社交媒體以及其他的應用程式與軟體。不用擔心，這些功能只不過被關閉半小時。半小時之後，你的數位世界依舊待在原處等著你。

輔助資源

你在全書都可以找到可能對你有所助益的相關資源。例如，關於天賦、態度與個性的豐富文獻，以及許多諮商、個人發展與職涯規畫方面的服務。我會盡可能列出你可能想要參考的網站與書籍，以及有助於本書寫成的其他資料來源。我希望你可以多多參考這些資料，不是因為這些資料是我推薦的，而是因為它可以幫助你透過各種方法，從多種角度了解自己。

另外，我還想提醒你，坊間的報章雜誌與網路上，充斥著各種小測驗，這些測驗號稱可以測出你是哪一類人，以及你所擅長的事物。許多人對於這些測驗結果深信不移，就像他們覺得適用於眾人的星座描述，套用在自己身上好像也滿準的。占星學雖然有一部分的真實性，但你不該將自己硬塞入某個星座的框架中。尋找天命的重點在於探索自我。

一九四八年，美國心理學家博川・福瑞爾（Bertram Forer）針對他所謂的「主觀確認」（subjective validation）現象進行研究，並發表結果。福瑞爾先對許多學生進行一項人格測驗。接下來，他並不是針對每個學生的回答個別分析，而是從報紙的占星專欄抄下各種性格描述，然後把同一份描述交給每一位學生，並告訴他們，這是根據他們的個別測驗結果得出來的。這份描述的內容大致上適用於任何一個人，它們後來被稱作「巴納姆陳述」（Barnum statements），取名自馬戲團經紀人巴納姆（PT Barnum）的名言，「我們有東西給每一個人」。以下是這份描述：

> 你非常需要別人喜歡與欣賞你。你對自己的要求很高。你有許多尚未發揮的能力，還沒有把這些能力化為你的強項。儘管你有一些缺點，但你總是可以用自己的優點加以平衡。你的外在看起來充滿自制力，但內心充滿憂慮與不安全感。有時候，你會強烈質疑自己是否做了正確的決定，或是否做了正確的事。你喜歡有一定程度的變化與多元性，在受到約束與限制時，會感到不滿。你為自己的獨立思考能力而自豪，

而且絕不接受沒有證據支持的說法。你覺得把私事全盤托出十分不智。你有時候個性外向、平易近人、喜愛與人來往，有時候則內向、謹慎與沉默寡言。你有一些不切實際的理想。安全感是你一生想追求的目標之一。

受測的學生被要求按照零到五分，針對這份描述與他們個人的契合度進行評分。零分代表「完全不符合」；五分代表「完全符合」。結果得到的平均分數是四．二六。其後，這項研究又針對各種團體進行了數百次的測驗，平均分數一直都落在四．二上下。有一種解釋是，人們接受這類測驗時，都希望測驗的結果是正確的，因此傾向給予高分。

人類的這種傾向並非最近才發出來的，有很多書籍多所著墨。傑羅姆（Jerome K. Jerome）在一八七九年出版的幽默小說《三人同舟》（*Three Men in a Boat*）就是一個例子。在小說的開端，患有疑病症的主人公懷疑自己生了病，於是找了一本醫學辭典來查閱：

我隨意翻閱，不經意地瀏覽各個病症說明。我忘了是哪個病症開始引起我的注意——應該是某個可怕、重大的傳染病吧——我還沒讀完「前驅症狀」的一半，就已經確信自己得了這種病。我呆坐在那裡，震驚不已。在絕望之際，我向後繼續翻頁。我翻到了「傷寒」，然後讀了它的症狀描述，我發現自己也得了傷寒，一定是在幾個月前染病而不自知。我心中猜疑，不知道自己還得了哪些病。然後我翻到了「舞蹈症」（St. Vitus's Dance）。結果發現，正如我所預期的，我也得了這種病。我開始對自己的病症感興趣，於是決定追根究柢，按照字母順序讀下去。……我認真地按照二十六個字母的順序讀了一遍，唯一確定自己沒得的病，是「女傭膝」（housemaid's knee）（**譯注：學名為「髕骨前滑液囊炎」，此病乃因時常跪在地上擦地板而引起。**）……。「發酵病」（zymosis）是辭典列出的最後一項病症，因此，我可以確定，自己除了上述所列之外，再無其他病痛。

你可以看出問題所在。

本書提出的問題、練習與技巧，是為了幫助你針對自己的天賦、興趣、感覺與態度進行深思。

當你做練習時，盡量對自己坦誠，同時留意不要受到巴姆納效應和一廂情願的想法所誤導。這些練習不會給你所有的解答，有些練習可能比較有用，有些則不是那麼有幫助。你獨有的能力與性格很複雜，沒有任何一種一般性的測驗或練習可以全部加以掌握。測驗或練習的功能只在於刺激你的想像力與自覺，讓你意識到自己的各種可能性。

你應該多嘗試各種不同的方法，找出哪些方法最能反映出真正的你，並以具有創意但審慎的態度運用它們。

問題

每一章的最後都會列出幾個問題——整本書大約有五十個問題。這不是能力測驗或小考，也沒有正確答案。這些問題只是提供你一個思考架構，幫助你思考每一章的主題，以及該如何將這些觀念應用在自己身上。你可能會覺得有些問題比較有趣、比較適用於你的情況，而有些則否。就和做練習一樣，你可以透過各種方式或媒體來回答這些問題，不一定要運用文字。

我的建議是：不要急著一次回答所有的問題，好像在填寫申請表格一樣。一題一題慢慢來，當你做到後面的問題時，可能會對前面的問題又有了比較深刻的領悟。請記住，本書不是一項有待完成的任務，而是一個追尋過程的可用資源，這個追尋過程可能從此處開始，但是不會隨著最後一章終止，而且是會繼續下去，沒有終點。

個人的追尋

尋找天命是一種個人的追尋，這種追尋是一種探索。在中世紀的歐洲，騎士會為了完成理想而展開追尋。追尋是充滿冒險的旅程，而且結果是個未知數。你也可以展開一趟個人的追尋。追尋天命的路途有兩個方向，其中一條路是向內探索你的內在，另一條路是向外在世界探索機會。本書的目標是幫助你找到屬於你的路。你的追尋能否達成圓滿的結果，端賴你投注多少決心與堅持，以及你有多麼重視這個結果。假如你下定決心使命必達，你一定可以從書中得到許多幫助與啟發。

本書雖然有十章，但並不是內含十個步驟的執行計畫。我不能保證，當你讀完第十章時，一定能找到你的天命。每個人的起始點都不一樣，所走的路途也各不相同。沒有人能保證你一定會找到你想找尋的東西。本書不會告訴你該走哪條路、或是該以哪個地方做為目的地。它只能為你指引大方向，並提供一些基本的原則與工具，引導你找到自己的路。雖然每個人都有自己的旅程，但它不必是孤獨的。你可能在路上遇到啟發你的良師，或是找到其他同好。

尋找天命並不代表你要忽略其他人的需求，也不意味著你要放棄現在所做的一切。它只代表你必須認真檢視自己，並自問你還能做些什麼，以徹底發揮你的天賦與熱情。它也意味著你必須開始自問，是什麼因素阻礙了你，而你又該怎麼做，才能排除這些障礙。

有些人終其一生無風無浪、胸無大志，而有些人注定要過冒險的人生。神話學大師喬瑟夫・坎貝爾（Joseph Campbell）研究了人類歷史上的英雄神話與世界各地的傳奇故事。在《英雄的旅程》（*The Hero's Journey*）中，他得出一個結論，那就是：所有英雄人物面臨的挑戰都很相似。你的旅程也將充滿挑戰與收穫。儘管沒有人經歷過你的人生，但前人留下的路標可為你指引方向。到最後，只有你自己知道，你是否已經歸屬於天命，或是該向前推進，繼續追尋。不論結果如何，你都不必懷疑，這趟旅程絕對值得你費心探究。

第一章

天命的歸屬

尋找天命的歸屬是追尋自我的雙向旅程，
既要探索內在的天賦與熱情，
也要運用外在的機會來發揮天賦。
探索天賦，
要懂得靜思、質疑、嘗試，
這是十分私人的歷程與體會。

尋找天命的歸屬是一個極為私人而且往往充滿驚喜的過程。每個人的起始點都不同，因為各自擁有不同的性格與環境背景。每個人的天命也各不相同。儘管如此，這個過程之下，仍然有一些適用於所有人的共通原則，以及技巧與策略。本章會介紹這些原則，並說明了解這些原則為何很重要。此外，本章也會提供一些初步的技巧與練習，幫助你看清自己的現況，並開始規劃未來要走的路。

為了要說明這趟旅程有多麼奇妙，我先說說我尋得天命的親身經歷。經常有人問我，我的天命是什麼、而我又是在何時發現的。就和大多數人一樣，我的經歷相當不可思議，而且體現了本章提出的所有原則。

我算是一個通才，什麼都會，但多數能力並沒有深入培養。十來歲時，我用單手隨意輕敲琴鍵，一種「我可以成為世界級天才」的感覺，在心中油然而生。不過，當我發現鋼琴家都是用雙手彈琴時，我就悄悄地放下了這個志願。我也能夠輕易辨認出某個吉他曲目的片段，並且很快就能熟練彈出「齊柏林飛船」（Led Zeppelin）〈一大堆的愛〉（Whole Lotta Love）的開場片段。不過，當我聽了那張專輯的其他歌曲後，我決定把吉他這個領域留給吉米・佩吉（Jimmy Page）去發揮。而且，彈吉他手指會很痛。

在我更小的時候，我很喜歡塗鴉與畫圖，但後來為了專心學習其他科目，於是放棄了藝術。從十多歲到三十多歲之間，我一直很喜歡修東西，一天到晚就愛往五金店跑，欣賞裡面的各式木工銑刀與鑽頭。我對廚藝也很感興趣，我的孩子還小時，我做的糕點還曾經為我贏得小小的美譽——我的小孩是基本粉絲。

簡而言之，從協奏曲到高級廚藝，我的一生中有許多可以深入鑽研的選擇，但我卻沒有選擇它們。和只專精於某一項特長的人相較，擁有多項才藝的人可能比較難以選擇一生的志業。我稍後會再深入討論這個主題。當我還小時，我對自己的天命一點概念也沒有，就算當時思考過，我也沒有答案，更何況我那時完全沒想過天命這回事。

現在，我知道自己的天命是人際溝通與合作。我花許多時間到世界各地對著數百或數千名聽眾演講，有時透過傳播媒體，則對象會高達數百萬人。當我還小時，我壓根兒沒想到自己的天命會是人際溝通，任何一個認識我的人，恐怕也都是這麼想的。

我在一九五〇年出生於英國的利物浦，成長於一個關係親密而且喜歡熱鬧的大家庭，但我的童年卻有許多時間是獨自一人度過。這個情況有一部分是外在環境造成的。一九五〇年代初期，小兒麻痺症在歐洲和美國非常猖獗。所有的家長都非常擔心自己的孩子會被這種病毒感染。我在四歲時染上了這種病。就在一夜之間，我從一個健康、活潑的小孩，變成幾乎完全癱瘓。染病後的八個月，我一直待在醫院裡，其中有些時間是在隔離病房中度過。當我終於可以出院時，我的雙腿必須穿上支架，要借助輪椅或是拐杖才能行動。

我必須大言不慚地自誇，當時的我可愛得不得了。我那時五歲，雖然腳不方便，但是我有一頭金色的捲髮和迷死人不償命的甜美笑容。此外，我說話時咬字不清，大舌頭非常嚴重。吃早餐的時候，我會要求家人給我「一杯加了兩此糖的嚓和一篇吐司」。熟人都覺得我迷人非常，對我有求必應，我走在街上時，路上的陌生人會主動掏錢塞進我手裡。我的口齒不清非常嚴重，因此從三歲開始，我每個星期都必須接受語言治療。家人猜測，我可能是在那裡感染了小兒痲痺症的病毒，因為在所有的親友中，我是唯一得病的人。

因此，我長時間獨處的原因之一是外在環境。雖然我的家人並未因此給我特別待遇，但我不能在街上、公園裡跑跑跳跳，這是不爭的事實。於是，我因為生病而有許多時間是一個人打發的。但是，另外還有一個是性格上的因素。

從小，我的個性就相當文靜，而且可以自得其樂。我天生喜歡觀察和傾聽，喜歡靜靜坐著，從旁觀察事物。我也喜歡動手做東西和解開謎團。小學的時候，我最喜愛的科目之一是工藝課。待在家裡時，我會花好幾個小時組裝模型船、飛機或是歷史人物，然後為它們漆上顏色。我時常玩Meccano和樂高這類的組合玩具。我可以一個人在後院玩一整個下午，用身邊找得到的東西，玩各種想像遊戲。這一切都和我現在身為享譽國際的公眾演說家身分，完全沾不上邊。我成為現在的我，是因為有人比我還要早看見了我的潛能，而這種伯樂比千里馬還要有眼光的情況，其實非常普遍。

當我十三歲時，我的表姊布蘭達決定要結婚。我的兩位哥哥基斯和伊言以及表哥比利，決定要表演一段歌舞秀為晚宴助興。他們將當時最受歡迎的流行歌曲快轉成《鼠來寶》（*Alvin and the Chipmunks*）中花栗鼠的聲音，然後反串成女生，對嘴表演歌舞。他們自稱為「我可舒適」（Alka Seltzers，**譯注：一種胃藥的品牌**）。團名的出處說來話長。他們需要有人介紹出場，而基斯建議由我負責這項工作。我聽了大吃一驚，其他人和我也有同樣的反應。即使心中非常害怕，我還是硬著頭皮上陣。

我很害怕，是因為我從來沒有做過這樣的事情，而且我們家族成員全都非常搞笑，他們絕不會因為我腿上的支架或是我的口齒不清，而給我特殊待遇，放我一馬。我決定趕鴨子上架，是因為我一直深信，唯有面對恐懼，而不是逃避，才能解決問題。假如不在當下驅除這個心魔，恐懼就會一直糾纏著你。

結果，那天的晚宴圓滿收場，我的小小任務也為我贏得了應有的讚賞。而哥哥們的表演則轟動全場，從此邀約不斷，常到全國各地的俱樂部與戲院表演。他們後來將團名改為「艾卡姊妹花」（Alka Sisters）（以躲避「我可舒適」藥廠的法律訴訟），並巡迴表演了好幾年，最後還在全國的選秀比賽中勝出。而在同時，我也稍微意識到，自己似乎擁有面對群眾的天賦。

上高中時，我曾在好幾齣話劇中擔綱演出，也執導了幾齣戲。上大學時，我仍然喜歡戲劇與導演，雖然我從未主動爭取，但卻不時被叫去參加辯論比賽和做口頭報告。我當時發現，只要一站上舞台，我很快就能放鬆下來，並且非常享受在台上的時光。這種情形一直到現在都沒有改變。在我的職涯中，我一直需要面對人群，不是與一群人共事、就是對一群人演講。在即將面對眾人之前，我會很緊張，但是，當我開始說話後，我很快就如魚得水，覺得時光飛逝。

當你歸屬於天命時，你的時間感會改變。當你做喜愛的事情時，一小時感覺起來就像是五分鐘；當你做討厭的事情時，五分鐘感覺起來就像是一小時。在我的職業生涯中，我的老婆泰芮總是說，當我晚上回家時，她立刻就可以知道我那天做了什麼事。假如我整天坐著參加例行性的會議或從事行政工作，我看起來會比實際年齡老上十歲；假如我那天去演講、授課或是帶領工作坊，我看起來就會比實際年齡年輕十歲。歸屬天命會帶給你活力，離開天命則會耗盡你的活力。我將會在第五章深入討論這個主題。

那麼，你打算怎麼開始追尋你的天命？

雙向的旅程

尋找天命的歸屬是一趟追尋自我的旅程。誠如我在序言所說的，這是個雙向的旅程：其中一條路是向內探索自己的內在世界，另一條路是向外在世界探索自我實現的機會。

我們每個人都活在兩個世界中。其中一個世界隨著你的誕生而存在，這是屬於你個人意識的內在世界，包含你的感覺、想法、情緒與感官感受。另外一個世界獨立於你之外而存在，這是包含了世人、事件、環境與物質的外在世界。這個外在世界早在你出生之前就已存在，在你死後仍然會持續存在。你必須透過你的內在世界了解這個外在世界。你透過感官來察知外在世界的一切，並且透過你的世界觀（由你的理念、價值觀、感覺與態度所形成），來理解外在的世界。

要尋得天命，必須深入探索這兩個世界。你需要探尋自己的天賦與熱情，也需要靈活運用外在的機會來發揮你的天賦與熱情。就實際面來說，要尋得天命，你必須做三項練習，而且要時常進行，因為此三者有互相支援的關係。

降低雜音

要尋得天命，首先必須更深入了解自己。你必須暫時拋開別人對你的看法，給自己一點獨處的時間。對許多人來說，說比做容易許多。

這世上鮮少人會選擇與其他人完全隔離，獨自一人生活。在你的日常生活中，大部分的時間很可能都有旁人在你左右：家人、鄰居、熟人、友人以及同事。在這世界上，只有極少數的人與你熟識，有許多人與你只有一面之緣，而有更多人是介於這兩者之間。

隨著年齡的增長，你身上擔負的責任與角色愈來愈多。你隨時在這些角色之間轉換：家長、朋友、戀人或伴侶、學生、老師、養家者或被撫養者。就和其他人一樣，他人對你的看法和你希望別人對你產生的看法，以及他人期望你做到的和他們期待你對他們的付出，勢必都會對你產生影響。

我們活在一個充滿「雜音」與干擾的時代。這個世界正變得愈來愈騷動不安。例如，數位科技對現代人在思考、生活與工作方面的影響，早已不言而喻。這些科技帶來了極大的便利，但也不是沒有壞處。其中一個壞處，就是我們必須應付從電視、筆電、平板電腦和智慧型手機傾洩而出的資訊洪流。谷歌（Google）執行長艾瑞克・施密特（Eric Schmidt）在二〇一〇年曾估計，全人類每兩天所創造的資訊量，相當於自人類有文明以來至二〇〇三年的資訊量總和。根據思科公司（Cisco Systems）的研究，到二〇一〇年底，在全球網際網路流通的總資訊量，相當於五百八十億公里長的書架上所裝載的資訊量（此長度是地球到冥王星之距離的十倍）。據估計，人類每五分鐘就創造出一場「數位資訊風暴」，其資訊量相當於美國國會圖書館（US Library of Congress）的館藏資訊量。

這些科技往往不斷把我們拉向外在世界，而不是內在世界，同時總是催促著我們做出即刻的反應，而不是深入探索與批判反省。

當你把外在世界的雜音加進你所扮演的所有角色時，你很容易就會迷失了自己。要尋得天命，需要先重拾對自己的了解。其中一個方法就是撥出時間與空間讓自己完全獨處，在沒有旁人的期望與外在雜音的干擾下，試著去了解自己，方法之一就是靜坐。

我推薦這個方法，心裡有點猶豫。老實說，我不太善於靜坐。我曾經努力試過，但是我的注意力無法長時間集中，而且我永遠靜不下來。在成長的過程中，我爸老是叫我不要亂動，而我永遠無法照辦。如今，我已為人父，換成我的老婆孩子要我去靜坐。套句十八世紀知名幽默作家強生醫生（Dr. Johnson）的說法，看到我靜坐「就像看到一隻狗用後腿走路，走得好的情況有如曇花一現，但牠願意做就已經夠讓你驚喜的了」。每次靜坐過後，我總迫不及待的昭告天下，而這個舉動可能違背了靜坐的目的。

說句公道話，乍看之下，靜坐似乎很簡單。但實際做起來，卻是困難得多。在靜坐的過程中，我們讓思緒平息下來，平靜安住在自己的內在世界。透過這種方法，我們可以漸漸不把外在世界對我們的期待看得那麼重，同時讓我們的本質得以喘息，得到自在。

當我們靜坐時，最常遇到的挑戰是讓腦子停止思考，而這正是我們靜坐的原因。靜坐的目的並非思考，就某些方面來說，其目的恰好相反。西方世界往往將「智能」與「有能力進行組織性思考」劃上等號。

思考具備一些顯而易見的優點，一般來說，我非常認同思考的價值。事實上，在靜坐以外的時間裡，我強烈建議你多多思考，而且我希望有些人能多花一點時間在思考上。但是，思考與意識並不相同。我將會在第五章深入探討這個主題。誠如艾克哈特・托勒（Eckhart Tolle）在《當下的力量》（*The Power of Now*）中所說的，太多的思考可能會限制我們的意識。

假如你和我，以及我所認識的大多數人一樣，那麼你的腦子裡應該總是不斷湧現各種想法與感覺。這種來自內在的雜音，就像是電視螢幕上出現的雜訊一樣。而靜坐的目的之一，就是減少這種內在雜音，以體驗更深層次的意識。自古以來，就有人將這種思緒的動亂比喻為湖面的水波與漣漪。唯有讓水面的波動平靜下來，才能看見湖水的深處。

我毫不避諱地承認，我覺得靜坐很難，因為許多人也和我有相同的感覺。假如停止思考如此容易辦到，那麼根本就不會有人去思索該怎麼做才能停止思考了。好消息是，靜坐的方法很多。有些做法要求你創造神祕的氛圍，擺出一些不尋常的姿勢。有些做法則沒有那麼麻煩。對某些人而言，瑜伽是最好的方法。而對其他人來說，一開始先從呼吸、身體放鬆、安靜獨處做起，就已足夠。

在進行每一章的練習之前，我建議你先簡單靜坐幾分鐘，讓心情平靜下來，將精神專注於你想探索的問題上。以下是靜坐的一種方法：

練習一：靜坐

- 如果可以，請讓你的背部與肩膀挺直，但是保持放鬆，以舒服的姿勢坐著。然後把眼睛閉上。
- 用鼻子深吸一口氣，閉氣幾秒，然後慢慢吐氣。
- 在進行深呼吸時，試著把注意力放在吸氣與吐氣。緩慢地深呼吸四到五次。
- 然後以正常方式呼吸幾分鐘，仍然將注意力放在呼吸的感覺上。
- 此時，腦海中可能會有思緒浮現——這是無可避免的——不必試圖阻止思緒的浮動。持續把注意力放在呼吸上，身體放鬆。
- 大約五分鐘之後——如果可以，最好是十分鐘——睜開眼睛，然後再安靜地讓自己放鬆幾分鐘。

雖然靜坐對我來說很困難，我建議你多試幾種方式，找出最適合自己的一種。我們都很容易因為外界的干擾而分心。因此，即使每天只花短短幾分鐘靜坐，都可以有效幫助你與自己重新連結，同時更加清楚意識到，潛藏在表面之下的真我。

這做起來並不容易，但假如你做了，就一定有收穫。值得一做的事情，大多是如此。

改變觀點

要尋得天命，你可能要從不同的觀點來看自己。詩人阿娜伊斯・寧（Anaïs Nin）曾說：「我看到的世界並非客觀的世界：我從我的觀點看這世界。」她的意思是，世上沒有任何人擁有中立的觀點。我們透過自己的內在世界，來觀察與解讀外在的世界，而這兩個世界會互相影響。身為人類，我們有時並不是直接觀察這個世界：我們透過自己的想法模式、價值觀與信念，來解讀自己所遭遇的經驗。而想法、價值觀與信念的形成，有時與我們的性情有關，有時則受到所處時代與文化背景的影響。不論在生活的哪個面向，我們的想法與感覺會影響我們的一舉一動。你自己的態度以及周遭他人的態度，都可能幫助或阻礙你追尋天命。

我們先從你對自己的看法談起。舉例來說，你可能認為自己不具有任何特別的天賦。許多人都有相同的看法，直到有一天，他們發現了自己的天賦，對自己的看法才隨之改變。

你可能認為自己沒有熱情：許多人對自己也有相同的看法，但他們後來卻發現自己對某些事物充滿熱情。長久以來，你可能一直告訴自己，那件你有興趣嘗試的事，你一定做不好，於是，你從來不曾嘗試去做做看。又或者，你擔心當自己真正嘗試後，可能會失敗、或是被別人認為很愚蠢。亦或是，你可能認為自己已經過了勇於嘗試的階段。上述種種對自己的想法，都有可能阻礙你歸屬於天命。

追尋天命有可能意味著，你必須挑戰別人對你能力的看法。你也許在不知不覺中，接收了親朋好友對你的看法。你的文化會鼓勵你以某些特定的方式思考與行事。此外，你的文化背景會根據你的年齡、性別、角色與責任，阻止或反對你做某些選擇。

我們稍後會再進一步討論這些議題。我想說的重點是，為了尋得天命，你可能要開始質疑你自己和其他人長久以來對你所抱持的看法。尋找天命的一個重要部分，是對於自己的天賦以及在過去與未來感興趣的經驗，進行反省與思索。本書設計了一些練習來幫助你。當你做這些練習時，可以運用多種不同的反省模式：文字、影像、聲音、動作，或是這些工具的綜合運用。以下是兩種你可能會覺得特別好用的技巧。

●心智圖

心智圖是一種以視覺方式呈現或釐清資料的技巧，以核心概念或主題為中心，並以線條、文字與圖形，向外一層層拓展概念或訊息。繪製心智圖時，先把核心概念或主題放在頁面的中心，用圓圈圈起來。然後從這個圓圈向外畫幾條線，呈現與主題相關的想法與概念，你想要畫幾條線都可以。接下來，再向外擴展一層，分叉出更多線，把概念分得更細一些。

以下是一個簡單的圖例，以本書的結構與主題為範本：

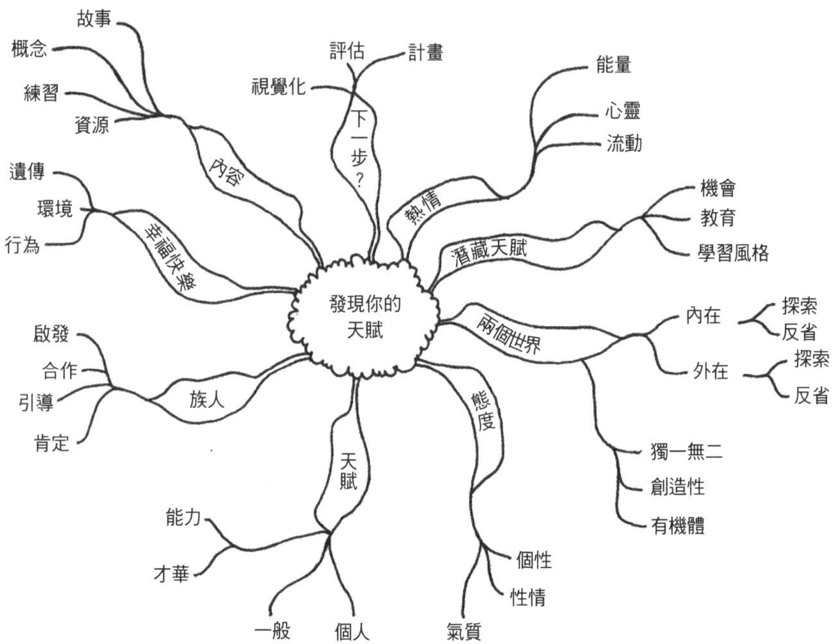
發現你的天賦
故事
概念
練習
資源
內容
評估
計畫
視覺化
下一步?
能量
心靈
流動
熱情
機會
教育
學習風格
潛藏天賦
內在
探索
反省
外在
探索
反省
兩個世界
獨一無二
創造性
有機體
態度
個性
性情
氣質
天賦
能力
才華
一般
個人
啟發
合作
引導
肯定
族人
遺傳
環境
行為
幸福快樂

最早創造這個心智圖的人是東尼・博贊（Tony Buzan），他和他的弟弟巴利・博贊（Barry Buzan）合著的《心智圖聖經》（*The Mind Map*），是我認為介紹心智圖法最好的參考書。你也可以在網路上找到許多其他的範例與介紹。你畫出來的圖沒有對錯可言，只要這個圖對你有意義就行。

心智圖可以幫助你自由發揮創造力，並且拓展出全新的思考方式。當你練習畫心智圖時，請謹記以下幾個原則：

- 每條線延伸出來的概念，用簡單的詞彙表示。請記住，此圖的視覺與文字效果同等重要。
- 不同層次的關鍵詞彙要用不同的字形或顏色表示。
- 每個關鍵詞或圖形要有一條自己的線。
- 每條線要和它所帶出的詞彙／圖形一樣長。
- 線條要以流動般的曲線、而不是直線與銳角呈現。此圖的目標之一，是構成有機的活潑連結。
- 愈靠近中心的線條要愈粗，愈向外分岔的線條要愈細。
- 整個圖以多種顏色呈現。顏色具有吸睛的效果，而且有助於區分不同層次與類型的概念。

你一定會發現，本書的心智圖並沒有使用不同色彩或圖形，而且結構很簡單。這是因為我們只是想說明基本的原則。既然你已經買了本書，就千萬不要客氣，盡量用各種顏色的筆在上面作註記吧！這會是很好的練習。

●視覺展示板

視覺展示板是各種圖像的拼貼集錦，上面集結了你的憧憬、希望與夢想。它是一種很好的方法，可以幫助你釐清人生中想追求的東西，並且把這些東西「呈現出來」。製作視覺展示板的過程可以非常自在、充滿樂趣，而且具有療癒的效果。

首先，請根據你的興趣、嗜好與熱愛的事物，從各種雜誌篩選出讓你很有感覺的照片、圖片與文章，將它剪下來。你也可以在網路上搜尋。在這個練習中，我建議不要使用自己的照片，因為照片呈現的是你的過去、而不是未來。

搜集好各種圖像之後，你可以採取幾種做法。大多數人在製作視覺展示板時，通常會使用膠水或膠帶把圖片黏貼在一塊大紙板上。雖然這是視覺展示的好方法，但我建議你不要用黏死的方式固定你搜集來的圖像。這是因為在你尋找天命的過程中，甚至在尋得天命後，你的希望與夢想有可能會改變。你有可能從一開始就非常清楚自己想追求的東西是什麼，而且從一而終，不曾改變。然而，你想追求的目標也有可能會改變，這時，你需要調整你的視覺展示板。因此，我建議你使用圖釘、魔鬼氈或是保麗龍膠這類的東西，來固定你手邊的圖片。此外，你也不一定要使用紙板，軟木塞板也很好用。有些人則使用鏡子搭配磁鐵，甚至是窗戶的玻璃。你可以自由發揮。

視覺展示板完成後，你可以根據個人的選擇和情況決定張貼在何處。許多人說，把它貼在你時常看得到的地方。不過，如果你覺得這塊板子的內容屬於個人隱私，那麼就把它放在別人看不到、但你隨時可以看到的地方。製作這個板子的主要目的，是用視覺方式呈現你想要擁有的人生。因此，請享受這項練習的樂趣，並專注於運用板子來真實呈現自己。不要讓任何因素影響你。你要創造的是自己的人生願景，而不是別人的人生願景。

●自由書寫

不論是視覺展示板或是心智圖，目的都在鼓勵你透過視覺與自由聯想來思考，而不是單靠文字或直線邏輯來思考。唯有打破慣用的思考模式，才有可能從新的觀點來看自己。當然，你也可以利用文字達到同樣的效果，尤其是當你毫無拘束、毫無顧忌地只寫給自己看時。做到這一點的一個技巧就是自由書寫。

所謂的自由書寫，指的是在不刻意控制書寫內容的情況下，以無意識、未經規劃、不假思索的方式，探索自己的想法與感覺。你的目的不在於向自己或是其他人呈現一個有組織的觀點，而是將任何浮現在腦海的思緒全都記錄下來，並且透過自由聯想的過程，任憑思緒遊走。不要暫停下來修改或評斷自己寫的東西，或是規劃接下來要寫什麼。和視覺展示板一樣，你蒐羅印象與感覺；和心智圖一樣，你自由連結在過程中想到的任何概念。

在練習自由書寫時，請你待在可以放鬆的地方，並準備充足的紙張，你可以根據你喜歡的顏色、大小與紙質選擇紙張。請想一下你想要探索的議題、問題或主題。

我們假設，你想要探索的關鍵詞是「我熱愛的事物」。然後，請你停止思考，開始記下任何浮現在腦海的思緒。試著持續不斷地書寫五分鐘左右，其間不要停下來做任何修改。經過多次練習之後，你持續書寫的時間可以愈拉愈長。

此外，為每次的練習設定時間限制，會很有幫助，例如一次書寫十分鐘、十五分鐘，或是二十分鐘。完全不要考慮錯別字、標點符號或是段落格式的問題。

自由書寫的目的是讓你的思緒與感覺盡情地流洩到紙上。除非你願意給別人看，否則，你寫出來的東西只有你自己看得到。這是一種無意識而且不中斷的個人表達。

書寫告一段落後，你可以回頭把自己寫的東西看一遍，把你覺得特別重要的字句圈起來，作為下一次自由書寫的起點。另一種做法是，以關鍵詞「我—熱—愛—的—事—物」中的任何一個字作為起點，然後開始自由聯想。

茱莉亞・卡麥隆（Julia Cameron）在她的暢銷書《藝術家創作之道》（*The Artist's Way*）

中，建議讀者每天起床後進行自由書寫，她稱之為「晨間日記」（Morning Pages）。晨間日記沒有任何主題，目的只是讓你在一日開始之際，清理一下腦中的雜亂思緒。

根據卡麥隆的說法，「晨間日記只是在早上一起床後，跟著意識的流動隨手寫三頁文字。晨間日記的寫法沒有所謂的對與錯——它不是精緻藝術創作。把你腦中出現的任何想法寫下來——而且只寫給你自己看。晨間日記的內容偶有精采片段，大多數的時候往往只是負面、零碎、重複或枯燥乏味的思緒。很好！工作上的事、該洗的衣服、朋友看你的怪異眼神——這種種讓你心煩、分心的事，會在你的潛意識作怪，擾亂你的一天。早上起床時，先把這些東西全部清運到紙上，然後更無拘無束地展開一天。」

卡麥隆建議，每天一起床，在做任何事之前，先寫晨間日記。因此，你需要在床頭準備一支筆和一本筆記本或是一疊紙，當你醒來，隨手抓起紙筆就可以開始書寫。卡麥隆明白指示，一次要寫三頁、或是寫二十分鐘，看哪個標準先達到。

她還建議，不要回頭去看自己剛寫完的東西，如此一來，那些思緒才不會重回你的腦海。她甚至建議，日記一寫完，就立刻用碎紙機銷毀。假如你捨不得銷毀，她建議你把剛寫完的內容收進一個別人拿不到的大信封裡。如果你用的是筆記本，你可以在每次寫完時，立刻把筆記本收起來。

不論採用哪種方法，晨間日記可以幫助清理大腦，讓你在接下來的一整天，專注迎接各種挑戰。

多加嘗試

要找尋自己的天賦，必須嘗試新鮮的事物、造訪沒去過的地方，以及結識新朋友。你必須在面臨新機會時敞開自己，到不同的環境測試自己。假如你曾經有想要嘗試的事物或體驗，現在就應該去試試看。假如有任何事物曾讓你既期待、又怕受傷害，你也應該去嘗試看看。假如你不去嘗試新事物，你可能永遠也無法知道，自己能做到的事情到底有多少。

當然，你不可能把所有的事物都嘗試一遍。靜坐與反省的目的之一，就是找出對你而言最重要的經驗是什麼，以及找出體驗它的方法。本書提供的多項練習與作業，可以幫助你向外探索，釐清你可能開始前進的方向。

處境很重要，個人背景與人生經驗也同樣重要。不論你的處境如何，最重要的，不是你遭遇到什麼樣的挑戰，而是你如何應對這些挑戰。

跨出第一步

降低雜音、改變觀點與多加嘗試，是尋找天命的三項重要原則。如果你只想做一次試試看，你可以把這些原則視為一次性的活動。但假如你真心想要尋得天命，我建議你不可草草了事。這就好像你想要靠做一次運動得到健美的身材，並且以為你已經做了所有該做的事。保持身材當然要不斷運動，上述三個原則同樣是持續不斷的聚焦、探索與反省，形成循環，你才能更加深入了解自己以及周遭的世界。現在，就讓我們透過接下來的練習來展開這個循環。

練習二：你都在做些什麼？

這個練習的目的，是幫助你盤點自己的人生現況，以及你對自身狀況的感受：

- 找一大張紙，把你在一個星期內會做的事全都列出來，用關鍵字或圖像都可以。這可能包括：開會、電子郵件、打掃、購物、社交活動、通車、讀書、上網、聽音樂、園藝、看電影、帳單繳費、健身、當褓母等等。每個人的人生都不同。你的人生是什麼樣子？

- 用不同顏色的筆，將這些活動分類。例如：有給薪的活動、無給薪的活動、休閒、社交活動、興趣、健身。按照你覺得合理的方式來分類。
- 拿出另一張紙，為每個類別畫一個圈。依照你每星期花在這類活動的時間多寡，來決定圓圈的大小。假如你的工作時間是休閒時間的三倍，那麼代表「工作」的圓圈就必須是「休閒」的三倍大。然後把屬於每個類別的關鍵字或圖像放進圓圈裡。
- 現在，請想想你對這些活動有什麼感覺。你熱愛工作、但不喜歡健身？你喜歡與人社交、但不喜歡讀書？用三種顏色的筆，按照下列標準為每項活動作標記：

A　你喜歡從事這個活動

B　你不特別討厭或喜歡從事這個活動

C　你不喜歡從事這個活動

- 再拿一張紙，畫一個大圓，將你喜歡、不特別討厭或喜歡、不喜歡從事的三類活動，按照你每星期花在上面的時間，把這個圓分成三份。這個派狀圖的切法看起來怎麼樣？假如以一個月或一年做為一個圓，這個派狀圖的樣子又是如何？

花一點時間，思考一下這個練習所呈現出來的人生。你有什麼感覺？這個圖有調整的空間嗎？有什麼部分是你想要改變的？為什麼想改變？有哪些改變是現在就可以做到的、有哪些改變必須從長計議？你對自己的人生方向有任何概念嗎？假如答案是否定的，沒有關係。我們很快就會告訴你該如何找到人生的方向。

在對上述的練習加以延伸，進行更多練習之前，我要先說明與解釋支撐整個追尋天命歷程的基本原則。

基本三原則

我先前說過，追尋天命並不是實踐十個步驟就可以完成的計畫，它是一個極為個人化的歷程，每個人得到的結果都不相同。這是千真萬確的事實。這個歷程以適用於每一個人的三項基本原則為基礎。

●原則一：你的人生是獨一無二的

你的人生在人類的歷史上是獨一無二的。沒有任何人擁有與你相同的人生。假如你有兩個或更多小孩，我可以和你打一個賭。我敢斷言，你的每個孩子都和他的手足完全不同。你絕不會把他們搞混，不是嗎？你絕不會對他們說，「提醒我一下，你們誰是誰？」即使是同卵雙胞胎，在許多方面也不相同。假如你有兄弟姊妹或是其他親戚，我也敢和你打同樣的賭。我有六個兄弟姊妹，而我們彼此大不相同。當然，我們在某些方面很相像，而且彼此相親相愛，但每個人都有各自的怪癖、喜好與性情。

我和老婆泰芮生了兩個小孩，這兩個孩子在某些方面很相似，而在其他方面則天差地別。誠如舞蹈家瑪莎・葛蘭姆（Martha Graham）所說的：「透過你的身體所表現出來的動作，具有某種活力、生命力、能量與活潑性，而且因為古往今來只有一個你，你的表現是獨一無二的。」

你的獨特性源自兩個方面，第一個是生物性。

儘管你的人生是獨一無二的，但在你出生之前，你的人生歷經了長期的醞釀。值得記住的是，你降生到這世上的機率，其實微乎其微。舉例來說，請你想想看，有史以來，曾經有多少人出現在這個世界上。我指的不是那種靠四肢站立的史前人類，而是像我們這樣的現代人，輪廓外形具有美感、識得幽默與譏諷之別的現代人。據說，人類出現在地球上的歷史約有五萬年。你覺得這五百個世紀以來，有多少人曾經降生於地球？

沒有人知道這個數字，因為沒有人計算出來，至少一直到最近是如此。任何一種計算方式所得到的結果，都只能被視為粗略的估計。即使是這樣，統計學家在考慮了這五百個世紀以來的出生率與死亡率、壽命長度等因素之後，得到了一個合理的推估值。這個數值界於六百億到一千一百億之間。我們把數值平均一下，假定有八百億人曾降生於地球。

請你想想看，你是這八百億分之一。請想一下你的族譜要經過多少世代、多少分支，那條細線才會畫到你。請想一下有多少人歷經了相識、共同生活、生下小孩，一代代相傳，直到你的八位曾祖輩降生到世上。請想像他們是如何相識並生下了你的四位祖父母與外祖父母，然後他們又是如何相識，隨後生下了你的父母。最後才有你的降生。假如你考慮到一代代人與人之間發生的偶遇與介紹相識，你必定能夠認同達賴喇嘛的說法：我們最後得以降生於這世上，是個奇蹟。

在你出生之前，你的人生歷經了長期的醞釀。我所指的是，你的身體傳承了所有先人的生物記憶。如同茱蒂絲・巴特勒（Judith Butler）所說的：「我並不完全了解我自己，因為有一部分的我來自先人謎樣的遺傳痕跡。」先人的這些遺傳痕跡影響了你的外表、性別、種族與性取向。而他們對你所擁有的身體、天賦與個性，也產生了影響。

舉例來說，我和我的父親很相似。我的外表和個性都像他。我的許多性格也遺傳自他。我的兄弟姊妹也是如此。即便如此，我們並不是父親的翻版或複製品。我們的身上還有來自母親的特質。而我們的父母遺傳了他們父母的特質。於是這眾多特質的排列組合，造就了獨一無二的我們。

進一步探索自己的基因遺傳，有助於了解自己的想法與感覺從何而來。追溯過去的源頭，也有助於你找到前方的路。要尋得天命，你需要意識到，自己與生俱來的力量與熱情，其實源自你那獨一無二的生物遺傳。

除了遺傳之外，另一個造就獨特性的因素，是文化背景。不同的族群擁有共同的想法、價值觀與行為模式時，就創造了一種文化。你所認識的自己，其實受到文化的影響很大：文化透過鼓勵與不鼓勵、允許或禁止你做某些事物，塑造出現在的你。時代的貧困或繁榮、戰爭或和平、是否接受教育、接受哪一種教育，這種種因素都可能會影響你能否尋得天命。

我和我的父母擁有不同的人生，原因之一是我生長於不同的時代背景。我父親出生於一九一四年，我母親出生於一九一九年，兩人都在英國的利物浦度過了童年與青少年階段。我雖然也出生、成長於利物浦，但一九五〇與六〇年代的利物浦，與一九二〇與三〇年代的利物浦已截然不同。

先天個性與後天環境的交互影響，塑造了我們的人生。你所做的決定，以及別人為你做的決定，都會影響你選擇或不選擇某一條路。尋找天命意味著，你必須對自己的文化與背景進行思索——同時也對你現在想要和需要的成長機會，進行反思。

●原則二：你的人生是你自己創造出來的

不論你的環境背景是什麼，你都不該認為自己之所以困在現在的處境，是因為受到過去經歷綑綁。人們常說，你不能改變過去，但你可以改變未來。事實的確如此，因為人是萬物之靈。

我們與地球上的其他生物其實大同小異。我們的生命有限，得依賴大地所提供的一切求生存。我們是有機體：我們和其他生物一樣，都會成長與改變。但是在某一個關鍵層面，人類和其他的生物截然不同。人類出現在地球上已有五萬年之久。五萬年好像很長，但就地球的歷史來看，卻只像是一眨眼的時間而已。據說，地球存在已有四十五億年之久，這實在是難以想像的漫長。假如把地球存在的時間比喻成一年，那麼人類存在的歷史大約是從十二月三十一日的半夜十一點五十九分開始。

在人類存在的五萬年當中，人類在大多數的時間都與大自然和平共處。直到最近三百年，人類才開始在許多方面主宰地球。為什麼會這樣？是什麼因素讓人類與其他生物產生區別？我個人認為，簡而言之，是因為人類擁有力量無窮的想像力與創造力。

人類可以透過想像力，讓不在眼前的東西出現在自己腦海中。透過想像力，你可以跳脫現在，回顧過去。透過想像力，你可以進入他人的內心世界，試著體會他人的觀點與感受，展現同理心。透過想像力，你可以預期未來，試著體現那個未知的世界。這些後見之明、同理心、先見之明的力量，是幫助你塑造與重塑人生的最佳資源。

想像力是創造力的源頭，而創造力可以實現想像力，是想像力的應用。人類集體的創造力量，促成人類最重要的成就，包括在藝術與科學、語言、科技、思想與文化價值上。

從生物學的觀點來看，人類演化的速度可能和其他的物種差不多。但從文化的角度來看，人類實屬另一個等級。狗兒也存在了好長一段時間，但牠們的生活方式與喜好並沒有發生太大的變化。我的意思並非狗沒有想像力；我並不知道狗有沒有想像力。但至少狗兒不像人類一樣，把想像力展現出來，而牠們的文化也沒有產生太大的演變。牠們現在的生活方式和牠們的祖先差不多。你不需保持關注與了解，狗兒的世界是否發生了什麼新鮮事。

人類的世界隨時都有新鮮事正在發生，原因在於人類天生擁有創造力，不論就全人類、還是就個人的生活而言，都是如此。你對世界以及自身處境的觀點；你選擇嘗試哪些機會而放棄哪些機會；你看到的可能性與你所做的選擇——這種種一切，造就了你現在的人生。身為人類，你有許多選擇。想像力與創造力是你與生俱來的能力。

當你出生時，你的出生證明並沒有附帶一張履歷表。因此，你可以創造你的人生，也可以再造你的人生。如同心理學家喬治・凱利（George Kelly）所說的：「人類不該受限於先天的條件。」或是卡爾・榮格（Carl Jung）所說的：「我不是境遇創造出來的成果，我是我自己選擇的結果。」

●原則三：人生是有機變動的

根據我的經驗，假如讓中年以上的人回顧他們的一生，很少人會表示，他們在年少時就已經預期自己會擁有現在的人生。就算人生的大方向和當初的預期沒有太大的出入（這種人其實很少），他們也無法預測自己人生的細節：不論是工作、伴侶、房子或是子女。我們怎麼可能預測自己的人生呢？我以我自己為例來說明。

在我的人生中，我曾有機會成為牙醫或是會計師。當我即將從高中畢業時，我去見了學校的職涯輔導老師。我們只談了那麼一次話。老師問我最喜歡哪些科目，我告訴他，我喜歡英文、拉丁文和法文。我尤其熱愛法文。事實上，我愛死了我的法文老師——艾文斯老師。

首先，艾文斯老師真的會說法語，當時並不是所有教法文的老師都會說法語。他既年輕又優雅，這點和其他的法文老師也截然不同。此外，他還抽法國煙、吃大蒜，在一九六〇年代的英國，只有外國人才有這些習慣。我小時候一直以為大蒜是一種藥，即使到了現在，這個看法還是沒有什麼改變。在當時，英國的飲食並不像現在這般都會化、這樣美味好吃。我一直到二十歲，才第一次看到櫛瓜，到了二十多歲時，才第一次吃茄子。不過，這些經驗令我悔不當初就是了。

最令我崇拜的是，艾文斯老師娶了一個法國老婆。這讓我們無法想像。但其實上法文課時，我們一直都在想像，艾文斯老師的法國老婆到底長什麼模樣。

我當時深信，這位職涯輔導老師對於人性與人生規劃應該有鞭辟入裡的見解。於是，我等著聽他告訴我，我對法文、拉丁文和英文的興趣，應該指引我走上哪一條人生道路。他想了一會兒，然後問我，有沒有想過將來當個會計師？我說沒有。那牙醫呢？也沒有。我從來不曾考慮過這兩種職業。

事實證明，我們兩個人都沒有預料到，我現在會擁有這樣的人生——和數字或蛀牙一點關係都沒有（我自己的蛀牙除外），和法文也沒有太大的關聯。

我和老師無法預測我的人生發展，或是你無法預測你的人生發展，是因為人生並不是直線發展，而是有機的、會變動的。我的人生就像你的人生一樣，是一個持續性的即興過程，一方面受到興趣與個性的牽扯，另一方面受到環境與機遇的支配，這些因素會彼此影響。你在人生中遇到的許多機會，也可能源自你所創造的活力與能量。

當然，你在寫履歷表時，整個過程可能大不相同。在寫履歷時，你把自己的人生化為直線的陳述，讓一切看起來都像是經過刻意規劃的。你以某些重大的日期與成就為核心，編織你的故事，再搭配粗體或斜體字來強調，讓人覺得你的人生是按照理性規劃執行所得到的結果。你藉此給自己打氣，也避免未來的雇主認為你的人生是一個隨時可轉彎、加料的動態過程。而事實上，這個動態的過程才是大多數人生的真實面貌。

本書列舉了許多真人實例，用來說明上述三項原則的真實性。有「廣告之父」之稱的大衛・奧格威（David Ogilvy）在紐約創立的廣告公司，曾在六〇年代製作了一支廣告，結果這支廣告促成了極受歡迎的電視影集「廣告狂人」（Mad Men）的誕生。你可能會以為，這位麥迪遜大道上的傳奇人物，是個土生土長的美國人，一輩子都待在廣告界，人生中從來沒有其他的志向。其實，你錯了。

奧格威在一九一一年出生於英國，在愛丁堡與牛津大學受教育。他人生中的第一份工作，是巴黎知名飯店Hotel Majestic的廚師。後來，他到蘇格蘭銷售烹飪爐具，銷售業績非常亮眼，於是，公司老闆請他撰寫用來指導其他業務員的銷售手冊。這本手冊在三十年後被《財星》（*Fortune*）雜誌譽為史上寫得最好的銷售手冊。

奧格威的哥哥法蘭西斯把這本手冊拿到他上班的廣告公司——位於倫敦的「麥瑟與克羅利」（Mather and Crowley）廣告公司——給公司的主管看。這些主管大為驚豔，決定請奧格威到公司上班。在英國獲得成功後，奧格威移居美國，在社會調查組織「蓋洛普」（Gallup）任職助理董事。在第二次世界大戰期間，他接受位於華盛頓特區的英國大使館任命，為英國情報服務處工作。

大戰結束後，他決定離開城市，到美國東岸的阿米緒（Amish）農村當農夫。當了十年的農夫之後，他決定重回紐約，在「麥瑟」（Mather）廣告公司擔任客戶經理。在接下來的二十年裡，他把這家公司打造成全球頂尖的廣告公司，公司後來也更名為「奧格威麥瑟」

（Ogilvy Mather）。這種故事相當常見：從蘇格蘭的爐具銷售員到阿米緒農夫，再到麥迪遜大道的廣告鉅子。奧格威的人生是個很好的寫照，它揭示了一個道理：我們可以用許多截然不同的元素創造自己的人生；人生並非直線發展，而是充滿了變動性。

追尋天命意味著，你要樂於接受新的體驗，並且在你的內在世界與外在環境中，探索新的道路與各種可能性。

人生的方向

我想要簡短談一下教育這個議題。你在找尋天命時，可能會遇到一個問題：大多數的教育體系並不是建立在上述三項原則之上——你的人生是獨一無二的、你的人生是你自己創造出來的、人生是有機變動的。真實的情況恰好相反。大多數的教育體系對創造力百般壓抑，而且所有的安排都是根據一個錯誤的假設：人生是直線發展，而且不會變動。一般人的說法是，假如你研讀些特定學科，通過所有的考試，你的人生就會從此一帆風順。假如你不這樣做，人生就會非常坎坷。

這種說法有可能成立，也有可能不成立，端賴你是否清楚自己想做什麼。你在學校學到的東西、與你畢業後從事的工作，以及你接下來的人生，這三者之間往往沒有直接的關聯。

舉例來說，在你的想像中，矽谷的公司都是由工程師所主導，而這些公司的創新活動，都是專攻數學或理科的領導者帶領公司所得到的結果。假如你這麼以為，那麼你就錯了。

維克・華得瓦（Vivek Wadhwa）是杜克大學普萊特工程學院（Pratt School of Engineering）教授，他曾針對超過六百五十位美國土生土長的企業執行長與產品工程主管，以及超過五百家科技公司進行調查。結果發現，僅有90%的人擁有大學學歷，而其中，只有40%的人擁有工程或數學方面的學位，這代表了另外60%的人所擁有的學位屬於商學、藝術或人文的領域。

華得瓦教授的結論是，你在大學攻讀的學科，與你的成就或人生的發展並沒有直接的關聯。他創立的公司曾經雇用超過一千名員工，而他發現，這些員工在學校所學的科目，與他們在職場的成就完全沒有關聯。

他說：「促使人們成功的因素，是動機、動力、從錯誤中學習的能力，以及付出多少努力。」我們需要特別強調這一點，是因為有許多年輕學子往往會因為父母、師長與朋友誤導，而沒有選擇自己喜歡的科目。這些出於善意的長輩好友告訴他們，現在選擇自己有興趣的科目，將來會混不到飯吃。而真實的例子往往可以證明，他們的說法大錯特錯。

德州大學奧斯汀分校的文科就業輔導服務處（Liberal Arts Career services）主任凱薩琳・布魯克斯（Katharine Brooks）表示，大家都鼓勵大學生依照邏輯與直線思考來規劃自己的職涯：「我主修政治學，所以我接下來要進法學院」或是「我主修歷史，所以我以後要當一個歷史老師」。而事實上，許多人——也許是大多數人——在大學畢業後，卻進入與所學截然不同的領域。大多數人在畢業後發現，自己真正有興趣的其實是其他的東西。據她估計，在與她保持聯絡的校友當中，只有不到三分之一的人在畢業後學以致用。

那些發現自己的興趣其實在別處的大多數畢業生，他們的情況怎麼樣？他們快樂嗎？答案是：朝著自己興趣發展的人，的確過得很快樂。布魯克斯博士表示：「最令我痛心的事是，看到人們為了高薪而工作，然後把所賺的錢全用來買東西，以安慰自己在工作上所受的苦。」

我的職涯輔導老師沒幫上我的忙，是因為他看的並不是我這個人，而是職場中有哪些職業是我可以做的。即便如此，我喜歡的科目與他所建議的職業簡直天差地別，他的跳躍性思考實在令人費解。不過，他至少提出了一些建議。而我根本毫無概念。

我只是大約知道，我想要攻讀英國文學。此外，我也大概知道，自己不想往哪些領域發展。對我而言，文科比理科更有吸引力。我知道自己完全不想從事管理或行政方面的工作。我喜歡戲劇表演，也喜歡與人合作，尤其是和愛搞笑的人合作，但是我不想在劇場工作。事實證明，這些模糊的方向正是我所需要的。我稍後會再詳述自己是怎麼找到人生道路的。我想，這個大致的方向就足以幫助你尋得天命。

每個人的起點各不相同。有些人對於自己未來想做什麼，有非常清楚的概念。他們的目標指引著他們跨出的每一步，就像遠方的燈塔為船隻指引方向一樣。而其他人往往只隱約地知道，自己正朝著錯誤的方向前進。你呢？只知道大致的方向，並無法幫助你選擇某一條路，但仍然可以給你一些初步的參考；它可以幫助你排除你直覺上不感興趣的路。

有哪些事是你可以預見自己可能會去做的？而哪些是你覺得自己根本不可能去做的？不論你是否清楚自己未來的方向，讓我們一同繼續探討下去。

練習三：想像自己的未來

現在，讓我們回顧你透過練習二得到的人生現況。你要透過視覺圖像來拼貼出你的人生。不要使用你所認識的人的照片或是圖片。這個練習的目的，是呈現出你的活動模式，同時捕捉你對人生現況的看法與感受。

- 從各類雜誌中搜尋，把吸引你的圖片、標題或文字都剪下來，不必管自己受到吸引的理由是什麼。

- 從這些素材中，挑出可以代表你生活現況某些面向的圖片。這些圖片要能代表你日常從事的活動——不論你熱愛這些活動，或覺得索然無味。
- 用你喜歡的方式擺放這些圖片，只要你覺得這編排方式可以反映出你的生活現況的特性和感覺就好。
- 你可以隨意在這些圖片上寫字或塗鴉。把你此刻的感受表達出來。
- 假如你具備科技設備與愛好，你也可以加入自己的配樂。
- 問問你自己，眼前看到的人生拼貼是否忠實地呈現出你的感覺與經驗。哪些部分是最令你開心的？哪些部分是你在追尋天命時想要改變或改善的？

繪製路線圖

我曾說過，我們的人生受到許多我們無法預期與控制的強大力量主宰。這是事實，但同樣確實的是，最重要的莫過於回應這些力量的方式。用比喻來說明，我們就像在為一艘船掌舵，航行在汪洋大海上。你可以繪製一張航海圖，並且堅持按照規劃好的路線航行，有些人就是如此。你也可能因為意料之外的風浪，偏離了原先規劃的航線。有些人掙扎求生，而有些人沉入大海。你還可能抵達預料之外的海岸，當你上岸後，才發現這個地方其實比你原來的目的地更加有趣。然後，你認識了新的朋友、體驗了新鮮的事物；你和你的新朋友互相影響，於是，你們改變了彼此的人生。當你順從你的天賦與熱情前進時，這種情況發生的可能性就會更高。

人生具有創造性而且會變動，因此，你不需要一次就規劃出一生的路線。有些人喜歡訂定長遠的目標，有些人則喜歡先想出下一步該怎麼做。你可以先踏出第一步，以開放的心胸探索各種道路，或是先規劃出目的地，這兩種做法都很好。有時候，你只有能力規劃下一步而已。不過，這就足以讓你向前邁進了。踏出第一步是最重要的一件事。你一定要展開旅程、開始啟航。

法國哲學家德日進（Teilhard de Chardin）也曾用大海來比喻對人生的思考。他給我們的鼓勵是：「與其站在岸上告訴自己，大海無法承載我們的重量，不如直接跳入海中——試了再說。」

在進入下一章之前，請思考以下幾個問題：

- 最能影響你的力量以及你人生中最重要的轉捩點，分別是什麼？
- 你最投入的是人生中的哪個面向？

- 你最不投入的是人生中的哪個面向？
- 你知道自己的天命是什麼嗎？
- 你知道自己想往哪個方向前進嗎？
- 有哪些你從未做過的事，是你現在想要嘗試看看的？
- 是什麼原因讓你直到現在都不曾嘗試過？

第二章

你擅長什麼？

天命同時涉及天賦與能力。
要找出自己獨特和潛藏的天賦，
最好多做幾種性向測驗，
並以質疑觀點來檢視結果，
以發展潛能。

要尋得天命，你要設法讓自己的天賦與熱情結合在一起。在本章中，我們先探討天賦，熱情的部分稍後再談。了解自己具備的天賦，是尋得天命的關鍵之一。世上有那麼多人沒有找到自己的天命，是因為他們不知道自己的天賦是什麼。現在，讓我們來探討什麼是天賦，以及要如何發現自己的天賦。

天賦與你的生物構造有關，是你與生俱來的才能。你有一部分的天賦，在你很小的時候就顯現出來了，而其他的天賦可能一直潛藏著，因為讓它們得以展現的機會一直沒有出現。

我的哥哥德瑞克很小的時候就非常了解引擎。他十歲時，就已經把摩托車拆解開來，試圖了解它的運作方式。這我也辦得到。但我和他的差別是，在拆解之後，他可以把所有的元件組合回去，並且讓零件的運作變得比原來更順暢。我的大哥基斯就必須仰賴德瑞克的巧手，讓他的摩托車隨時保持最佳狀態。不只是我大哥，連大哥的所有朋友以及利物浦的許多居民，也都是如此。

到了十三歲時，德瑞克已經在修理汽車引擎了。要了解引擎的運作方式，對他來說不費吹灰之力。他可以像個聽馬師一樣，只要傾聽引擎發出的每個聲響，就能診斷出問題所在，然後想出解決方法。德瑞克也會花很多時間繪製精確的引擎機械構造圖。他對各家車廠的引擎型號，以及各種巨細靡遺的知識，都瞭若指掌，到現在仍是如此。他具有了解事物運作之道的天賦。

你可能會發現，有些事情對你來說很容易，而有些卻很難。我們都一樣。有些活動與流程是我們一學就會的，有些則學了半天也沒有太大的長進。你可能天生就喜愛運動、或是非常擅長使用工具製作物品。當你第一次看見螺絲起子時，就直覺知道可以用它來製作東西，而不是拿來插進電源插座裡。並不是每個人都像你有這種直覺。我的大哥基斯就對使用工具或修理東西完全沒轍。當他偶爾釘個木架或是修理電器時，每每都演變成驚險場面。不過，基斯有他自己的特長。他非常懂得如何待人接物、個性極為幽默風趣，而且是個天生的表演者。你可能也一樣。又或者，你可能天生就喜歡數字、吹奏樂器或是動物。或是當你負責主導某件事時，你可能馬上就可以進入狀況。又或者，當你走進一個房間，你立刻知道該如何把這個地方變得更開闊、更優雅或更明亮。

我的老婆泰芮就是這種人。她天生就對顏色、設計與質感的掌握非常敏銳。她對顏色過目不忘，可以把數個月前看過的布料、家具或油漆的顏色，與另一個物品的顏色天衣無縫地搭配。我就絕對做不到。我的衣著搭配全都要靠老婆大人的指點。假如我一個人出差，她會先幫我打包不論怎麼搭配都萬無一失的襯衫、領帶與西裝。但是她千算萬算，也沒有算到我就是能把唯一不搭的單品湊在一起，而且還得意洋洋的出席公眾場合，當場把所有對穿著有一點品味的人嚇得啞口無言。

天賦與能力

天賦與能力並不相同。天賦是你天生具備的潛能，你必須將這個潛能應用與精進，才能發揮天賦。例如，人類天生具有語言天賦，但若要學會說話，必須先聽到別人說話，尤其是在嬰兒時期。假如孩童在學習關鍵期缺乏其他人提供的語言聽覺刺激，他們將無法學會說話，即使他們天生就具備這項潛能。文字的讀寫能力也是如此。在一般的情況下，每個人先天都擁有識字的潛能。然而，這世上有許多孩子與大人卻不識字。他們不是沒有這項資質，只是沒有學會閱讀寫字而已。讀書寫字的能力並不是隨著年紀的增長就能擁有的，它和說話一樣，是文化培育造就出來的。音樂能力也是如此。

能力通常需要透過某種程度的教育與訓練，才能發展出來。就算你天生展現某方面的傾向，也不表示你自動就會成為這方面的專家。天生知道螺絲起子怎麼使用，並不保證你會成為木工達人。能夠輕易理解數學原理，並不會讓你成為工程師。對視覺具有敏感度，也不足以讓你成為稱職的設計師。當人們自稱擅長做某件事時（「我很擅長拼拼圖」），他們指的通常是天賦。當人們用職業來界定自己時（「我是一個解碼者」），他們指的通常是能力。

天命同時涉及了天賦與能力。你要找到天生的才能，然後加以培育和精進：這是先天能力與後天努力的結合。假如你有天分，學習起來自然會比較輕鬆愉快，反過來也一樣。但假若你不嘗試或努力，你將永遠不知道自己能成就哪些事物。我和吉他與鋼琴的關係就是如此。我對這兩種樂器都具有天分，但我從不曾努力以求精進。當然，這對吉他之神吉米・佩吉來說是個好消息；因為我沒有應用我的音樂天賦，他今日才能在樂壇擁有如此崇高的地位。

一般與獨特的天賦

你可以將自己的天生才能視為一般或獨特的天賦。人類天生就具備某些基本的能力。在一般情況下，我們的感官能力不相上下，大腦結構與功能都差不多，所擁有的內臟和生理系統也都相同。身為一個人，而不是蝙蝠或狗兒，意味著你天生擁有一些人類才有的基本能力。

假如你是一隻蝙蝠或一隻狗，你就不會擁有許多你現在視為理所當然的能力，例如語言表達、想像力以及可以一百八十度反折的大拇指。你會擁有的是蝙蝠或狗兒理應具備的能力。身為人類，你無法自行飛翔，也可能不太擅長回聲定位，或是一年到頭倒吊著。蝙蝠要做這些事卻易如反掌。你不像狗兒一樣，能夠在森林裡追蹤微弱的氣味，或是一聽到哨音就驅趕羊群移動。而這些活動對狗兒來說有如家常便飯。

因為你是人類，你具備人類所擁有的一般性天賦。而在這一般性天賦之中，你那獨一無二的生物遺傳，造就了你在某些方面比較強、而在其他方面比較弱。如同你擁有獨一無二的指紋與DNA一樣，你也擁有一套個人專屬的天賦，每個人都是如此。接下來的練習以上一個練習為基礎，我們將幫你找出，哪些活動讓你覺得輕而易舉、哪些難如登天。請記住，天賦與你天生擁有的強項與弱項能力有關。在這個練習中，你只要專注於這些事實就好。你應該思考自己是否天生擅長做這些事，而不要管你喜不喜歡做這些事。你熱愛或偏好的事物，我們稍後會再深究。這個練習只關乎天賦。

練習四：你擅長什麼？

- 拿一大張紙，在紙的中央寫上你的名字，然後在用圓圈圈起來。請參考你在練習三做的分類，把每一個類別謄抄到這張紙上，以有你名字的圓圈為中心，圍繞著它為每個類別畫一個圓，請在每個圓圈之間保留一些空間。然後，把周圍的每一個圓圈，用直線與中心圓連起來。
- 請想想你所從事的各類活動以及它所仰賴的天賦是什麼。把每項天賦的關鍵字或是圖形註記在每個圓圈內。

- 請想想在這些活動中，哪些是你天生就擅長的、哪些表現平平，而哪些你覺得自己並不擅長。用不同顏色的筆，把你擅長、表現平平與不擅長的活動加以區分。
- 拿出另一張紙，畫一個三欄表格，如果你偏好用圓圈也可以。在最上面一列標明「擅長」、「表現平平」與「不擅長」，然後把你的天賦依照你剛才的界定，填寫在每一欄。
- 現在，你已經把自己的天賦大致區分為三類：擅長、表現平平與不擅長。請花點時間思考一下，這張表格是否忠實反映你的狀況。你想要移動某些項目嗎？你想要新增或刪去某些項目嗎？這是你的個人專屬清單，你可以任意更動，直到你滿意為止。
- 請仔細看看第一欄的內容——你覺得自己擅長的活動。然後思考幾個問題：你是怎麼知道自己擅長這些活動的？是在何時發現？這些活動有任何共通之處嗎？你可以將這些天賦應用在其他活動上嗎？哪些角色與職業需要運用到這些天賦？

這個練習是幫助你找出天賦的第一步。你需要對自己的天賦先有一些基本的認識，才能進行這項練習。你可能還具備許多你還沒有意識到的其他天賦——潛藏的天賦。這些潛藏的天賦之中，可能隱含了一些重要的線索，可以幫助你尋得天命。

你可能不識得自己所有的天賦，因為你可能從未有過機會發揮其中某些天賦。這些天賦潛藏在你的體內，無人知曉。要發掘這些天賦，需要仰賴某種程度的機遇。音樂就是一個很好的例子。大多數人所擁有的音樂天賦，遠遠超出他們的認知。委內瑞拉的音樂慈善教育計畫「系統教育」（El Sistema），就是一個令人震撼的例子。

在一九七〇年代中期，委內瑞拉完全沒有任何由本國人組成的管絃樂團。事實上，音樂教育在這個國家根本不存在。這並不令人意外，因為委內瑞拉苦於長期貧窮、犯罪活動猖獗與政治動盪不安，政府完全沒有餘力把資源放在古典音樂的領域。因此，委內瑞拉似乎是世界上最不可能讓古典音樂這種所謂的「菁英藝術」得到發展的國家之一。然而在今日，儘管委內瑞拉的許多問題仍然存在，但是在這個只有兩千一百萬人的國家，竟然有超過四十萬名兒童正在積極學習古典樂，而且管絃樂團的活躍程度，不亞於許多國家。

委內瑞拉是全球第九十二大經濟體，國內有28%的人屬於貧窮人口。最近三十多年來，委內瑞拉培養出一大群古典音樂家。毫無疑問的，在一九七〇年代以前，委內瑞拉也有無數的孩子擁有成為音樂家的潛力，但他們從來沒有機會拿起任何一種樂器。然而，當荷西・艾伯魯（Jose Antonio Abreu）創立系統教育音樂慈善計畫之後，情況從此改觀。

艾伯魯是委內瑞拉經濟學家，也是熱愛音樂的鋼琴家。他認為音樂可以幫助弱勢族群凝聚向心力，同時找到人生的目標。因此，他開始展開一項計畫，教導學生彈奏艱難的古典樂曲。一開始，他只教十一位學生。「在當時，音樂和藝術是有錢人的專利，因為只有他們買得起樂器，」艾伯魯表示。「而我覺得音樂和藝術應該是一個國家能夠留給後代的資產。」

委內瑞拉新成立的青少年管絃樂團，在一九七五年四月三十日首次公演。這項計畫克服了募集資金與古典樂不夠普及的挑戰，開始迅速發展。它很快就獲得政府的贊助，現在還輸出到許多國家，包括美國在內。這項計畫培養的人才中，最負盛名的是古斯塔沃・杜達美（Gustavo Dudamel）。杜達美如今是洛杉磯愛樂管絃樂團（Los Angeles Philharmonic）的音樂總監，也是世界知名的指揮家。杜達美是土生土長的委內瑞拉人，他非常認同系統教育的做法與願景。他表示：「我們透過音樂傳達的訊息是，只要一同努力，每個人都有機會擁有未來。」

系統教育創造出許多驚人的成就，包括啟發孩子發揮潛能，保護他們不受外在環境的艱險所影響——幫派爭鬥或是警察施暴有時就發生在他們的家門外。夏綠蒂・希金斯（Charlotte Higgins）在《衛報》（*The Guardian*）撰文介紹系統教育：「這是一個徹底的社會慈善計畫，它讓居住在惡劣環境中的孩子有機會透過學習音樂所得到的技能，脫離貧困的惡性循環。」

委內瑞拉的孩子從兩歲開始就可以加入系統教育，而這些孩子很快就透過這個計畫找到一種歸屬感。系統教育有效地讓管絃樂團成為一個有向心力的社群，這個社群共同完成的事情，遠勝於成員個人在任何時候所能達到的成就。社群的中心思想不在於成為最優秀的人，而是不斷地超越自我。這些孩子的終極目標，是加入國立青少年管絃樂團。若不是系統教育，許多孩子永遠不可能有這樣的夢想，他們很可能一輩子都覺得人生無望。

系統教育最為人稱道的成就，也許是讓這些貧困家庭的孩子有機會發揮天賦。假如沒有這項計畫，這些孩子將永遠不會知道，自己具有音樂天賦。我們不知道那些讓孩子參與系統教育的父母，有多少人期望他們的孩子將來有一天能成為職業音樂家。但我們可以假設，他們認為加入系統教育可以幫助孩子對自己以及對這個世界產生不同的想法，一旦孩子們開始有不同的想法，他們就會讓自己接納原本不可能體驗的各種可能性。

你的人生也是如此。假如你願意嘗試各種新鮮的體驗，你的人生就更有可能產生重大的正向改變。假如系統教育沒有帶著那群孩子看見音樂的世界，他們可能永遠也不知道自己有成為音樂家的天賦。同樣的道理，假如你有適當的機會可以發揮天賦，也許你會發現自己其實擅長很多事物。你可能具備了各種你自己沒有意識到的天賦，只不過你一直沒有遇到發揮的機會。我們以廚藝為例來說明。

傑米・奧利佛（Jamie Oliver）是得獎無數的知名主廚，他在英國和美國不遺餘力地推廣健康飲食的觀念，同時希望改掉人們食用加工食品與各式含糖飲料的習慣。自從在一九九〇年出版了《原味主廚》（*The Naked Chef*）之後，他就成為享譽全球的暢銷書作家。他的電視節目可以在四十多個國家看到。但是，奧利佛年少時的在校表現，完全讓人看不出他有一天會功成名就。奧利佛自己說：「我在學校的表現爛透了。我一點也不喜歡上學，對學校教的東西也大多不感興趣。我在許多方面的表現像是個問題學生。但是我一到廚房就變成另一個人。廚藝的美妙之處，在於它可以誘發出每個人最好的一面。你只要親自動手就可以得到感動，它綜合了觸覺、嗅覺與味覺，而且你不需要靠優秀的學業成績，也可以做得很好。」

奧利佛對於自己的成功心懷感恩，因此想要給別人同樣的機會。他在二〇〇五年把自己的房子拿去抵押，向銀行貸款二百萬美元，開了一家非營利餐廳，雇用了十五位失業的年輕人，其中有些人的情況糟到永遠也不可能找到工作。這是一段漫長而艱辛的過程。有些學員總是遲到、而且配合度很差。奧利佛說，「我有時心想，天啊，這些人將來有一天要到我的廚房工作，為我的客人做菜。」

後來，這個名符其實的餐廳「十五」（Fifteen）勉強如期開張，結果廣受好評。十五位學員中有十位達到了奧利佛的嚴格標準，有幾個人後來還成為專業主廚。從此以後，這家餐廳每年都招收十五位新學員，而且一直在營運。假如奧利佛沒有推動這項計畫，假如他沒有年復一年、不辭辛勞地帶領學徒，這些年輕的廚師就不會有成長的機會，也將會走上完全不同的人生道路。

「我待在學校的時候並不開心，我惹了很多麻煩，而且沒有把基本的讀寫能力學好，」一位學徒傑米・羅伯茲（Jamie Roberts）如此表示。「離開學校後，我做了好幾種不同的工作，也進進出出監獄好幾次。這裡的課程很吸引我，因為我覺得這是翻轉人生、步上正軌的好機會。」

另一位學員愛蜜莉・杭特（Emily Hunt）表示：「老實說，假如沒有參加這個計畫，我不知道自己現在會做什麼。可能在一家紙箱工廠上班吧。」在發現自己對廚藝的熱情之前，愛蜜莉總是不斷換工作。她說：「都是一堆爛工作。」奧利佛所推動的計畫顯示：別人通常比我們還要早看出我們的天賦。

我投身於教育界，也和我自己受過的教育有關。高中時，我和幾個朋友詢問學校可不可以製作一齣話劇。我們曾在英文課研讀一些劇本，但從來不曾實際演出。有一位老師願意擔任導演，幫助我們準備一齣話劇表演，當做課外活動。由於我們的學校是男子高中，我們只能找所有角色全都是男生的劇本。這種劇本並不好找。我們最後選定了雪瑞夫（R. C. Sherriff）的《旅程的盡頭》（*Journey's End*），它描述第一次世界大戰期間士兵在戰壕度過的生活。我負責擔任舞台監督。製作這齣話劇的過程非常愉快，而且演出相當成功。於是，我們在隔年決定要演出理查・謝雷登（Richard Sheridan）所寫的《屈身求愛》（*She Stoops to*

Conquer）。這齣戲裡有女性的角色。我們不想男扮女裝，於是只好另外想辦法。後來，我們決定大膽採用女生來演出。然而，要在男校裡找到女生並不容易。不過，就在學校操場的另一頭，是宛如平行宇宙的另一個世界——一所女子高中。

這兩所學校每年只有兩個場合會有來往，一次是從頭到尾讓人渾身不自在的聖誕舞會，另一次是情況更慘的年度健康教育演講。兩所學校的高年級生會集結到我們學校的大禮堂，聽老師講解我們的身體構造。這種演講有兩場，一場的主題是抽煙，另一場的主題是性教育。這兩場演講的結論都一樣：「不要做，它對你的健康有害。」

我們的製作小組問校長，可不可以向對面的女校借幾個女生參與演出。他說我們可以去找那所女子高中的校長問問看。於是，我們鼓起勇氣橫越操場，就像遠征軍要前往未知的國度一樣。那所女子高中的校長以親切、但充滿好奇的態度接待我們。她覺得這個主意很好，立刻就同意了我們的請求。一個星期之後，有三個活生生的女生來到了我們學校，參與台詞排練。這齣話劇的製作對兩所學校來說都是破天荒的合作。

這次的成功開啟了下一齣話劇製作——王爾德（Oscar Wilde）的《不可兒戲》（*The Importance of Being Earnest*）。我們再次詢問指導老師，可不可以為我們執導這齣戲。他說，這次他幫不上忙，但是他可以幫我們選角。於是，在某一天的晚上，我們圍坐成一圈，老師依照清單，一一為每個角色與職務選角。我因為表明不再擔任舞台監督，便靜靜地坐在那裡等著。結果老師提議：「我這次不能擔任導演，我覺得羅賓森應該能勝任。」我當場嚇呆了。我從來沒有想過，自己可以執導任何一齣戲劇。更讓我訝異的是，在場的每一個人都點頭表示贊同。結果，我真的為那齣戲執導，並且發現自己其實喜歡、也擅長做這件事。

那次的經驗點燃了我對戲劇的熱愛，而這份熱情，後來成為我在大學做研究以及早期從事教育工作的基礎。假如那位老師沒有在我身上看出我自己沒有看見的能力，我的人生很可能就會朝截然不同的方向發展。

找出你的天賦

要找出你具有的天賦——不論是你已經知道的天賦、或是還沒有意識到的天賦——其中一個方法就是做各種能力性向測驗。你可以找到許多關於性向測驗的研究報告，也可以從網路及書本找到大量的相關資源，包括測驗、試題和練習。不過，我想要提醒幾件事。許多測驗是要收費的，而且有些測驗不太具有科學價值。有些可能會要你訂閱刊物，或是在線上就業網站加入會員。不過，還是有一些資源是真正免費的。姑且不論其準確性，這些性向測驗至少很有娛樂性，甚至偶爾有一點教育性。你可以在搜尋引擎輸入「性向測驗」這四個關鍵字，看看會找到什麼。

你可能會找到幾個歷史悠久、已被使用數百萬次的性向測驗。但是請記住，有些測驗就算不是完全錯誤，也有可能誤導人。因此，你應該以一致的質疑態度，來檢視所有的性向測驗。而且要小心福瑞爾效應（Forer Effect）——誤以為某些一般性的敘述是為你量身打造的。

為了寫這本書，我和我兒子詹姆士進行了一些研究，我們到一個頗具規模的商業測驗中心實際做了性向測驗。我們進行了兩個各別三小時的測驗，其中包括有時間限制的紙筆測驗、多選式問卷、操作物品、分辨音調與節奏、依照模式與顏色排列順序、記憶測驗、算數、語文與時間管理。

這些測驗的內容大多很有趣，而且大部分算是相當準確。舉例來說，這些測驗顯示，我的手指靈巧度比我兒子高（這與事實相符），而他的音感比我好（這也與事實相符）。然而在其他部分，測驗的結果詭異到讓我們不禁懷疑對方是不是給錯資料。例如，根據某一個測驗，詹姆士在「規劃與思慮未來」的表現遠高於一般值。然而，當測驗機構要為我們解說測驗結果時，詹姆士不改愛遲到的本性，晚了二十多分鐘才到，差一點沒聽到這項解說。還有，我在「顏色與空間的感知能力」分數極高，於是測驗結果建議我從事與室內設計相關的工作。當我告訴家人這個結果時，全家人當場陷入長達將近半小時的瘋狂大笑。

這個性向測驗的問題主要不在於測驗的分數，而在於電腦的解讀。這個測驗完全沒有辨識出任何一項與我的職業相關的能力，包括寫作與演講，而我從事這份工作已長達四十年。

它也沒有辨識出詹姆士在表演、寫作與喜劇演出的傾向，而那正是他最擅長的。

我們被告知，要為能力性向設計一套標準化的測驗，是一件非常困難的事。而這正是問題所在。這些職業性向測驗的限制之一，在於它們都是紙筆測驗（即使採用電腦進行，其本質並沒有不同）。它不太可能會告訴你，你可能很擅長吹奏豎笛，因為那不是它的設計宗旨——儘管這可能攸關你能否找到天命。以現在的技術來說，假如你想要透過性向測驗來探知自己的天賦，你最好採取多多益善的策略，也就是多做幾種測驗，然後以質疑的態度來檢視結果。問問你自己，這個結果真的符合你的真實狀況嗎？或者，你想要相信測驗的結果是正確的，於是設法去迎合那些解讀？

你可能已經在學校或是職場做過許多性向測驗，只不過有些測驗的名字，你叫不出來而已。以下介紹四種性向測驗，提供你參考。

「通用性向測驗」（General Aptitude Test Battery, GATB）是美國勞工部（US Department of Labor）在數十年前發展出來的測驗，這項測驗可以測量九種性向：一般學習能力、語文、數字、空間、圖形知覺、文書知覺、動作協調、手指靈巧度、手部靈巧度。整個測驗可細分為十二個分測驗，不過，並不是每次測驗都會使用所有的分測驗。執行測驗的人需要通過 GATB 認證。你可以到下列網站了解更多訊息：http://www.careerchoiceguide.com/general-aptitude-test-battery.html。

由蓋洛普機構研發的Clifton StrengthsFinder（發掘優勢所在）是一種線上測驗，它宣稱可以幫你「找出最大潛能以強化為個人優勢」。它是由唐諾・克里夫頓（Donald O. Clifton）博士和蓋洛普機構的一群科學家共同研發出來的。這項測驗有一百七十七個問題，涵蓋多種性向能力。這項測驗後來衍生出兩本暢銷書：《發現我的天才》（*Now, Discover Your Strengths*）和《能力發現剖析》（*StrengthsFinder*）。如果你想要更進一步了解這項測驗，請至：http://strengths.gallup.com/default.aspx。

「職業研究中心」（The Vocational Research Institute）所開發的CareerScope結合了興趣與能力測驗。它透過一連串問題，幫助你找出你的職業興趣，以及該如何將興趣與能力結合起來。你可以到下列網站得到更多訊息：http://www.vri.org/products/careerscope-v10/benefits。

「職業資訊系統」（Occupational Information Network）機構曾建立O*NET資料庫（O*NET Database），界定出數百種職業的關鍵特性。此機構所開發的「職業能力組合卡」（O*NET Ability Profiler）可以測量九個向度：語文、算術推理、計算、空間能力、圖形知覺、文書知覺、動作協調、手指靈巧度、手部靈巧度（你可能會發現，這些向度和「通用性向測驗」中的九種性向非常類似，這是因為美國勞工部同時參與這兩種測驗的製作）。這項測驗的結果可以和已經界定出八百多種職業的O*NET Online連結。欲知更多詳情，請參考：http://www.onetcenter.org/AP.html。

評量你的人生道路

當我寫《讓天賦自由》時，我發現我所接觸過的每一項標準化測驗，似乎都有一些缺陷或自相矛盾之處。因此，在撰寫本書時，我決定擴大研究範圍，去找一些比較個人化與繁複的評量方式。其中之一是SuccessDNA，這是職涯顧問，同時也是「職業與人才管理中心」（The Institute for Career and Talent Management）北京中心負責人布萊恩・許瓦茲（Brian Schwartz）博士經過多年發展所得到的成果。

儘管許瓦茲博士將同一套評量方式應用於所有客戶，但這套方式與標準化完全沾不上邊。「我提供一套全面性的方法，幫助客戶根據自身的狀況做職業選擇，」許瓦茲博士如此表示。「人們通常是根據哪個行業賺的錢最多，來決定自己的職業。然而歸根究柢，如同美國的獨立宣言（the Declaration of Independence）所說的，最重要的還是追求幸福。因此，人們需要忠於自我，面對真正的自己。而要讓人們忠於自我，他們必須先了解自己是個什麼樣的人。」

許瓦茲博士的評量方法非常繁複。假如用大賣場可買到的現成西裝來比喻一般的性向評量方法，那麼SuccessDNA就相當於Savile Row手工訂製西裝。有趣的是，這個評量的第一步，是做邁爾斯─布里格斯（Myers-Briggs）性格分類測驗。「我向客戶解釋邁爾斯─布里格斯測驗的四大性格分類，以日常生活的各種情境為例，幫助他們為自己分類，並對自己所屬的類別有清楚的概念。」

接下來，他會對客戶作一連串的個人背景訪談。他先詢問一些關於祖父母的問題：他們的種族、宗教信仰、教育程度、職業等等。同時也詢問關於叔伯姑舅阿姨以及表兄弟姊妹的問題，但問得沒那麼細。以便了解客戶的家族類型。

許瓦茲博士如此仔細檢視家族史，是因為他認為一個人對自己職業前景的看法，與家族背景息息相關。「我發現，在做職業評量與規劃時，自信心扮演了關鍵性的角色。人們的成就與他們的自信心成正比。不論每個人對成功的定義是什麼，自信心低的人往往覺得自己沒有資格獲得成功。因此，儘管人們時常談到對失敗的憂慮，但這些言談所反映出來的，是他們對成功的恐懼。他們的言談隱含著一種感覺：我這個人不配得到成功。」

家族史的部分做完後，許瓦茲博士會引導客戶運用類似伯納德・赫丹（Bernard Haldane）發展出來的方法，記錄下他們人生中的重大事件，而這個方法在理察・鮑爾斯（Richard Boles）的著作《這樣求職才能成功》（*What Color Is Your Parachute?*）中被發揚光大。接下來，讓客戶從這個清單中，挑出他覺得最能帶來樂趣或是滿足感的七個經驗、主題或人際關係。然後請客戶簡短寫一下對每個經驗的描述，再請他們分析這些經驗所使用到的技能，最後找出他們最喜愛使用哪些技能。接下來，請他們挑出十到十五個他們最喜愛的技能，區分為幾個「技能小組」，然後再將這些「技能小組」互相比較。

「做到這裡，客戶對自己已經具有一定程度的了解，並藉此判斷哪一個工作機會比較適合自己。當然，在景氣低迷的時期，要找到和自己最速配的工作並不容易。不過，假如不挑選適合自己的工作，人們日後只會痛苦度日。」

大多數的人可能不太需要用到這麼繁複的評量方法，不過，這個方法與一般的簡易問卷式測驗大異其趣，有興趣的人不妨一試。

你有幾條路可走？

我們可能擁有一個以上的天命嗎？答案是肯定的。你擁有多項天賦，而這些天賦的成熟時間不一。因此，當某些才能的成熟時機已到、或是你的興趣發生改變時，你的天命就有可能因此產生變化。你的天賦也可能驅使你進入某個行業。伊莉莎白・培恩（Elizabeth Payne）就是透過間接的方式，進入了服裝設計的領域。伊莉莎白是加州大學弗雷斯諾分校（University of California at Fresno）的舞台服裝設計教授，她在很小的時候，就非常清楚自己的天命是什麼。這都要歸功於她的母親，但有趣的是，她的母親至今仍在尋找自己的天命。

「當我還小的時候，我媽就嘗試過各種行業，」她告訴我。「她做過幾年的餐飲外燴工作。然後畫了幾年畫。接下來又在自我成長的領域待了好幾年。當我四、五歲時，她去上了藝術方面的課，然後開始教授繪畫。我有可能跟隨她的腳步，因為我從小就愛畫畫。覺得藝術家很酷，想要像他們一樣。我從小就知道自己想要當個藝術家。」

伊莉莎白生長於俄亥俄州南部的一個小村莊。除了她的母親之外，周遭沒有太多人鼓勵她發揮她的藝術天分。旁人甚至灌輸她，長大以後最大的發展就是當個高中美術老師，頂多再兼差當個業餘畫家。由於從小只對藝術感興趣，伊莉莎白對於這種說法並沒有太大異議。當她上高中時，美術課老師因為心臟病發作而請長期病假，學校找來的代課老師不僅不懂美術，而且沒有教師資格。這對於想要往藝術發展的伊莉莎白來說，似乎非常不利。所幸，有一位英文老師看到了伊莉莎白的部分畫作，並大為驚豔，於是為她報名一所地區性學院的美術比賽。

這是一項舞台服裝的設計比賽，而伊莉莎白一點也不懂舞台服裝設計。不過她發現，舞台服裝設計所需要的技巧與繪畫相去不遠。她的天賦讓她贏得比賽，甚至一連四年參加比賽都拿到冠軍。同樣重要的是，她透過這項比賽發現自己熱愛舞台服裝設計，因此決定在大學主修舞台服裝設計，甚至在將來從事這個行業。

伊莉莎白在高中階段一直把重心放在藝術上，所以後來就去申請設有藝術系的大學。然而，她此時發現，舞台服裝設計通常是戲劇系的課程。從此以後，她開始往戲劇的領域發展。

「我知道自己的繪畫能力很強，而且這是一項資產。我就讀的科系明確表示，我必須學習服裝的縫製，也必須知道該如何告訴裁縫師，我要他們製作什麼樣的服裝。我在北卡羅萊納州的一個小型戶外劇場工作，整個夏天都在縫標籤和鈕釦。然後，我獲得了一個在麻州的實習機會，擔任舞台服裝設計師。那段期間，我學到了關於採購與貨源的所有相關知識，以及該如何找到自己需要的東西。我學會了布料染色的技巧，當現成的布料不敷使用時，我可以自己染出我想要的花色。接下來，我到聖塔菲劇院（Santa Fe Opera）工作。在那一年當中，我也縫了不少鈕釦。此外，我對於歌唱家與角色類型開始有深入的了解，同時也培養出臨危應變的能力。在這之前，我完全沒有任何劇場的工作經驗。因此，我需要了解劇場裡的一切，以及我在劇場的角色是什麼。」

拿到大學學位之後，她繼續攻讀碩士學位。於是，她來到了紐約曼哈頓的劇場界。

「我和幾個小劇團合作，並且發現我不適合在以營利為目標的商業劇場工作。我不喜歡和製作人合作，因為我覺得他們一點也不重視劇本，他們一心只想讓自己的秀在百老匯上演。而我的想法是，假如劇本不好，砸再多錢在服裝或道具背景上都沒有用。於是，我開始尋找非營利機構的工作機會，這往往表示，最多的機會是在學校。」

伊莉莎白把履歷寄到好幾所大學。由於她曾有與大學合作的經驗，這些學校都以為她有教學經驗。有一所學校請她擔任教職，而她的反應是：「船到橋頭自然直。」伊莉莎白後來發現，自己當起老師，如魚得水，這是她從沒想過的事。喜歡幫助他人學習的個性，再加上在本身領域的專業經驗，使她成為非常稱職的老師。「當我進入舞台服裝設計這個領域時，我從來沒想過自己有一天可以教別人。我也認為，過去的專業經驗幫助我成為好老師。我教的不是理論，而是劇場裡會發生的實際狀況。」

伊莉莎白在很小的時候就發現了自己的某些天賦。但在後來的歲月裡，她找到了意料之外的其他天賦。

採取不同的觀點

你也可能會在自己走的路上遇到瓶頸，而且必須另尋其他出路。假如做法得當，你會發現自己比想像中擁有更多天賦，而人生的道路也比你原本想的更加多樣。

就許多方面而言，諾帕多・邦里拉肯（Noppadol Bunleelakun）在人生的起點就得到了不公平的待遇。首先，他的起點來得太快。他早產了兩個月，出生時體重不到一千三百公克。為了保住他的小命，醫生把他放進早產兒保育箱中，並為他戴上氧氣罩。這種處理方式讓他活了下來，卻也破壞了他的視神經，導致他失明。

後來，邦里拉肯到曼谷的啟明學校就讀，學校教他點字法。從此，他用雙手學習課業上的基本知識。當他六歲時，有一天，他聽到一位學生彈奏鋼琴，立刻深深受到這天籟之音的吸引。「從此以後，鋼琴變成了我的朋友，」他告訴《曼谷郵報》（*Bangkok Post*）的記者。「我的空閒時間大多與鋼琴共度。」

有一位老師幫助他學習如何彈奏，這位老師把邦里拉肯的雙手放在琴鍵上，帶著他按出每一個音符。這種學習方式的進展很緩慢，而且往往令人感到挫折。儘管如此，邦里拉肯十一歲時，已經不需要別人幫忙。事實上，他什麼也不需要，任何曲目只要聽過幾遍，他就可以一音不差地照彈出來。

那時，邦里拉肯被迫暫時停止學琴，因為他的家人請不起老師來教他，而且新學校的教育完全以課業為重。在接下來的五年，他彈琴的機會很少，因為他家沒有鋼琴，也因為他必須把時間花在學業上，努力趕上視力正常學生的程度。後來，有一位老師發現了邦里拉肯的天分，並且願意免費教他彈琴。從此，邦里拉肯的天賦得以充分發揮。當他二十一歲時，一家主流唱片公司同時為他發行了兩張爵士樂專輯，並於隔年再次發行兩張專輯。如此的發片量，連其他音樂家都望塵莫及；而對於一個必須克服重重困難才能彈奏樂器的人來說，簡直是奇蹟。

現在，人們大多用兩個別名來稱呼邦里拉肯：「鋼琴家阿喬」和「行動卡拉ＯＫ」。前者是因為他的本名太繞舌，後者來自他那只要聽過幾遍就可以照彈的本領。當邦里拉肯開始在曼谷的啟明學校就讀時，沒有人想到他日後會成為職業爵士鋼琴家。然而，他想要超越視力障礙的決心，驅使他發展出沒有人預料得到的能力。

大多數人不需要像邦里拉肯那樣，要克服如此多的障礙，才能做自己熱愛的事。然而，我們有時也會有不同的盲點。我們往往因為沒有看見自己的無限可能，而忽略了自己的某些天賦。你可能誤以為某些路不適合自己走、或是不知道該到何處去找尋這些路。不論是何者，你都可能因此錯失了尋得天命的機會。

還有另外一種情況。你可能認為自己不具備某些天賦——數學、音樂、設計或是其他的能力——只因為你的入門方式不對，或是學校的教學方式與你的學習風格牴觸。

要更深入了解自己所有的天賦，你必須檢視自己慣用的思考模式與學習風格。這將是下一章的重點。

在進入下一章之前，請針對本章討論過的主題，思考下列問題：

- 哪一類活動對你而言是輕而易舉的？
- 你覺得自己有哪些天賦？
- 你最初怎麼意識到這些天賦？

- 是否有哪些天賦是你從未想過要發揮的？
- 是否有哪些天賦是你從未發揮過、但希望當初好好加以發揮的？
- 是否有哪些天賦一直受到外界壓抑？
- 假如你曾經做過能力性向測驗，哪些測驗結果是出乎你意料之外的？
- 有哪些天賦是你認為可以好好加以培養的？

第三章

你如何知道？

文化傳統和教育方式有時會阻礙追尋天命的旅程，
所以要學會做自己，
不要受限於文化傳統，
同時了解個人的學習風格，
以便拓展自己，
發掘天賦。

要發揮天賦，你必須先知道自己有哪些天賦可施展。如同上一章提到的，基於某些原因，你可能沒發現自己擁有的所有潛能。本章會更詳細告訴你，為什麼你會不知道自己擅長的事物，同時協助你找出自己的天賦。

不過，在進入本章的正題之前，先讓我們繼續盤點你現在的狀況。下一個練習可以給你一些參考點，為接下來的主題熱身。

練習五：你如何知道？

你在練習四中得出了三類清單：你「擅長」、「表現平平」與「不擅長」的事物。現在，請你檢視第二和第三類的清單，也就是你覺得自己表現平平或不擅長的事物。請從下列問題的角度來思考：

- 這些事物有哪些共通處？
- 是什麼原因讓你覺得自己在這些活動上表現平平或不太擅長？
- 從事這些活動時，你得到什麼樣的經驗？

- 是否曾有人正確指導你該如何從事這些活動？結果如何？
- 你是否希望自己能夠精進這些方面的表現？還是你覺得無所謂？
- 你是否有興趣用不同的方式再次嘗試這些經驗？

一如過去，你可以用自由書寫來幫助你思考這些問題，或是用畫畫、圖片拼貼等方式，來呈現自己從事這些活動所得到的經驗或感覺。

在你嘗試過的活動中，你擁有的天分有可能比你所了解的更多。你表現平平或不佳，有可能是因為你從事這些活動時，用錯了方法。我們稍後會再回來討論這個可能性。

還有一個原因導致你沒有意識到自己的天分，那就是機會。你的清單列出的是你已經嘗試過的活動，那麼你從未嘗試過的部分呢？如果未曾嘗試過，你如何知道自己是否擅長？我之前說過，人的天命並沒有定數，你可能有好幾個天命，包括那些因為沒有機會嘗試而不知曉的天命。而這些你不曾嘗試或沒有意識到的天賦，很有可能正是你最擅長的事物。

假如你住的地方離海很遠，並因此不曾航海，你如何知道自己是否擁有航海的天分？假如你不曾騎過馬，你如何知道自己騎得好不好？假如你從來沒有拿過小提琴、小喇叭或撞球桿、或是未曾踏入實驗室、不曾試過木工、織布、下棋、烹飪、園藝、育兒或說法語，你怎麼知道自己行不行？

就像礦物埋藏在地底下一樣，你可能擁有多種潛在的能力。因此，要尋找天命，必須開始涉足那些你從來不曾探索的領域。假如你為自己處處設限，那麼你想要尋得天命的願望，將難以實現。

馬來西亞少女小珊就是一個很好的例子。小珊的父母讓她學習很多才藝，包括小提琴、芭蕾舞、藝術和游泳。小珊對這些活動都展現出興趣，但是密集學習的方式與壓力促使她最後都一一放棄。而在放棄這些活動的同時，她也變得退縮、敏感易怒、焦躁不安，也因此交不到朋友。

有一天，小珊在電視上看到一個街舞選秀節目「街舞對決」（*Showdown*），她立刻對這種舞蹈非常有感覺，她告訴母親，她想要學跳街舞。她的母親四處為她尋找地方，以學習這種極有活力、同時結合肢體特技的舞蹈，但卻一直找不到。儘管如此，小珊並不放棄，因為她相信自己已經找到了她最想做、也很擅長的事物。最後，她們母女終於在馬來西亞找到了一所率先開設街舞課程的舞蹈學院，小珊立刻入學了。

小珊的母親在部落格中表示，「從此以後，小珊每天晚上都在學校練舞，她選修所有可以上的課，學習各種類型的舞蹈——從waacking、鎖舞（locking）、雷鬼（reggae）、浩室（house）、女子舞蹈、到嘻哈（hip hop）……，只要你說得出來的舞步，她都會跳！她可能是全校最勤奮的學生，她永遠覺得跳不夠！」

小珊從悶悶不樂轉變為動力十足，她總是說，她一輩子都要跳舞。跳舞不僅是她熱愛的事，也是她非常、非常擅長的事。當小珊和她組成的舞蹈團體「活力四射」（The Hype）在二〇一二年的「街舞對決」進入前十二強時，她在全馬來西亞的觀眾面前，證明了這個事實。

小珊找到她極具天賦的事情，她做這件事，不僅樂在其中，而且非常清楚自己的目標。這一切都始於她嘗試了自己從未意識到的天分，而且試了之後，一鳴驚人。

不要受限於文化傳統

要先有機會發現自己的才能，才有可能找出天賦與熱情。一個有效的方法是盡力創造那些機會、探索自己和周遭環境中各種新的可能性。當然，要做到這點並不容易。在某些情況下，一些自我發現的方法可能是不受到鼓勵、甚至是被限制的。

你可能因為文化因素，而沒有發現自己的天賦。生物因素決定了你與生俱來的天分，而文化因素則會影響你是否能發現並開發這些天分。所有的文化都有其鼓勵或反對的活動或生活方式。某個文化接受的事物，在另一個文化中可能遭到禁止。尋找天賦可能讓你必須挑戰這些傳統。

你所處的文化可能會根據你的年齡、性別、性傾向與種族，約束或禁止你走某些路。文化約束的範圍，小至社交晚餐時對你不以為然、大至單獨監禁且不得假釋。說到馬修・李（Matthew Lee）的例子，他雖然不至於入獄，但來自社會的阻礙卻也不小。

馬修和大多數人一樣，非常擅長做許多事。他是個優秀的網頁設計師，而且靠這份工作過著優渥的生活。然而，讓他無法自拔的，卻是另外一件他既擅長、又熱愛的事——變魔術。「我從八歲起就對魔術非常著迷。」他對我說。「我是在一艘遊輪上，第一次看到魔術師表演。那位魔術師在不到一秒內，就把一塊布變成了一支拐杖。這個景象讓八歲的我印象非常深刻。」

不過，這個印象僅止於此。

「看完那個表演後，我並沒有多想魔術的事。我一路讀書，成為電腦工程師。有一天，我在購物中心逛街，經過了一家魔術道具專賣店。那天是我大學畢業的隔日。我想起了童年的回憶，於是心想，先進去看看再說。」

馬修進了這店之後，一時興起，買了一些魔術道具。此時，他做為電腦工程師的職業藍圖已經畫好，而且他從來沒想過要當一位職業魔術師，因為在新加坡，沒有人把魔術當作一回事，一般人相當輕視這項職業。儘管如此，馬修仍然把這些新玩具帶回家練習，純粹為了自娛。

「我發現，我在練習魔術時，完全忘了時間的存在。我在鏡子前不斷練習，只為了正確地變出魔術。那可以說是非常有禪意的經驗——當我望向窗外時，赫然發現一個晚上已經過去了。我一點也不覺得累；我一心只想把魔術變好。我就是這樣進入了魔術的世界。我想，你會喜歡某樣事物，是因為你發現自己很擅長做這件事。這是類似雞生蛋、蛋生雞的問題。你喜歡你擅長的事物。在那之前，我從來不曾發現自己如此擅長做一件事。」

發現自己具有多項才華，對馬修來說有如天啟。他的學業成績非常好，一從大學畢業，就找到了網頁設計師的工作，客戶對他的工作表現都非常滿意。然而，馬修自知，他不能向世人展現自己最大的才華，只能在鏡子前施展他的絕佳魔術技巧。但他對魔術的迷戀與日俱增，於是，他開始想像自己當眾表演魔術的情景。

「新加坡有一個線上魔術圈論壇（Singapore Magic Circle Forum online），大家都說，假如你想要了解某件事行不行得通，你必須在慈善晚會上表演，看看大家的反應。於是，我就這麼做了，我自願在兒童癌症基金會的募款晚會上表演。當天的晚會有許多魔術師參與，那是我第一次當眾表演魔術。不知道為什麼，我一上台就不緊張了。許多其他魔術師問我，我從事這個行業多久了。他們以為我在魔術圈已經待了兩、三年，而事實上，我只自學了六個月。」

馬修對魔術既有熱情、又有天分，於是他開始想，有沒有可能讓魔術不只是興趣而已。此時，他遇到了一個機會。他曾為一個客戶設計網頁，而這個客戶正好是一家魔術秀製作公司。於是，他得到了演出的機會。在相當短的時間內，馬修的魔術表演就從自娛變成娛人。很快的，魔術師的收入已足以成為正職，於是他把網頁設計當作兼職工作。在這項兼職工作的支持之下，他有了更多磨練技巧與表演魔術的機會。

馬修的職業轉換非常順利，因為當網頁設計變成兼職工作時，馬修反而可以用更少的工作時間賺更多錢，收入甚至比當正職的網頁設計師還要多。不過，在家庭生活就沒有這麼順利了。「當我老婆得知我要轉行成為職業魔術師時，差點沒心臟病發作，因為她以為魔術師的收入會很不穩定。不過，當她發現我變得比從前快樂許多時，她的態度就轉變了。」

然而，馬修仍然必須面對這份職業在新加坡不被看重的事實。當他結識新朋友、或是面對家中長輩，他並不會主動提及自己的魔術師身分。例如，直到最近，父母才得知他轉行為職業魔術師。對馬修來說，比起顛覆文化傳統，他更關注的是精進專業技巧。而他的確花費許多時間讓自己更上一層樓，時常練習到半夜兩、三點，並且不斷向他的偶像學習。

「我不敢說自己很厲害，潘恩和泰勒雙人組（Penn and Teller）才算是大師。我只能說，我的水準足以當個職業魔術師。假如不從練習時間的觀點來看的話，我根本不覺得自己付出了太多的努力，因為練習魔術對我來說只是在玩。」

假如馬修沒有在遊輪上看到那場魔術表演，假如他在購物中心逛街時，沒有暫時拋開原來的職業規劃，在魔術專賣店逗留，他可能永遠也沒有機會發現自己變魔術的天分，更別提要讓這個天分萌芽成長了。成為魔術師的種子一直埋藏在他的體內。然而，假如沒有機遇的安排與違逆傳統價值觀的決心，這項天賦——以及熱情——可能永無浮上枱面的一天。

教育可能帶來的危險

你追尋天命的旅程，可能會遭到一般文化傳統所阻礙。但大部分文化中還存有另一個制約體系，這體系對於你是否能找到自己的天賦格外重要。諷刺的是，你可能一直以為它會幫助你發掘自己的天分。我所指的是教育體制。

我在《讓天賦自由》和《讓創意自由》（*Out of Our Minds: Learning to Be Creative*）中，對教育已多有著墨。假如你對這些主題有興趣，可以去找這兩本書來看。我現在想談的是，正統教育通常會在兩方面阻礙你發現天賦。首先，大多數教育體系對天賦的認定相當狹隘。其次，這些教育體系往往漠視了一個事實，那就是每個人的學習方式其實各不相同。

超出你所想的

學生在學校裡都做些什麼？他們大多時間都坐在座位上，讀書、寫字、算數，以及其他文書方面的事。為何會如此？一個主要的原因是，學校只著重於某些學業能力，包括特定形式的語文和數學推理能力。此外，學校也往往將智能與狹義的智商劃上等號。學校重視的能力確實非常重要，但是，你有許多天賦是在傳統的學業成績或智商上無法顯現的。

著重學業成績的做法造成的後果之一，就是學校非常不看重所謂的「非學業」科目，包括視覺與表演藝術、體育，以及實用性與「職業性」的訓練。結果，許多學生（包括學業成績優秀的人）從來沒有機會發掘自己的所有天賦，尤其是隱藏在被忽略領域中的天賦。

我哥哥德瑞克埋首開發自己的工程能力之際，在學校卻總是上課分心、覺得無聊而且時常惹麻煩。他擅長的事物，學校都不看重，也沒有被列入成績單與評量之中。除了展現工程方面的天分之外，德瑞克也自學多種樂器，包括鍵盤樂器和烏克麗麗（ukulele）。當他十歲時，他已經不時在我們的教堂裡表演，長大後，更成為一名職業樂手，四處到俱樂部和劇場表演。儘管多才多藝，他在學校的成績卻一直很差。這種情況在擅長手腦並用製作東西的人身上，尤其常見。

順帶一提，由於學校對於能力的認定極為狹隘，殘障（相對於能力）的範圍就變得非常廣了。從我五歲到十一歲的六年當中，我上的是「肢體殘障」學校。當時用的措詞不像現在這麼委婉。我的同學全都是身體上有障礙的人——小兒麻痺、腦性麻痺、腦水腫、氣喘、癲癇等等。我們完全不把彼此的「殘障」當做一回事，我們只根據興趣、態度和個性來交朋友。這才是最重要的。就和其他的孩子一樣，我喜歡愛搞笑、有見地和敏感善良的人，不論對方是否殘障。

不過，在校園之外，人們時常用我們的缺陷來定義我們。我們是「殘障人士」——就像是某一個物種一樣。對於有肢體障礙的人，人們往往只看見他們身體上的缺憾，而沒有看見與他們的身障同時存在的所有其他能力。也因此，一般人往往稱他們為「殘障」，而不是「某方面比較不方便」。他們身體不便而被貼上標籤，原因之一是人們對於能力的主流看法非常狹隘。然而，這種狹隘的觀點影響到的，不只是那些「有特殊需求」的人，而是每個人。

對於天分展現在學業以外領域的人來說，上學往往是不愉快的經驗，不僅如此，他們甚至會開始猜疑，自己究竟有沒有任何突出的天賦。

你的方式是什麼？

對能力抱持狹隘的看法，是傳統教育的一個問題。另一個常見的缺憾是，未能體察到學生的個別學習方式。我曾說過，你覺得自己不擅長某些事物，可能是因為你在第一次接觸時用錯了方法，假如這個情形發生在學校，所造成的誤解尤其嚴重。

成人之間只要談到在學校的時光，往往會提及一堆與失敗有關的往事。「我的理科從來就學不好。」「我完全不會寫作。」「上美術課時，我連火柴人都畫不好。」你可能也曾對朋友發表過類似的言論。當然，你有可能真的不擅長做某些事物，例如，你對數學就是沒轍。這並沒有什麼不對。我就已經看開了。然而，也有可能是因為學校教導你的方式不符合你的思考與學習風格，導致你認為自己沒有某些天分。

每個人都有最適合自己的學習方式，你的學習風格可能會強烈影響你對自己天賦的看法。有些學校採用口說的方式解說所有的課程內容，用書寫的方式進行練習與測驗。舉例來說，學校並不採取有利於視覺型學習者的方式，講授化學原理，或是採取有利於動覺型學習者的方式，來教導微積分的觀念。透過語言文字來教學與學習，只適合某一類型的學生，並不適用於所有的學生。最後導致的結果是，許多學生對於某些學科失去興趣，但事實有可能是，如果學習得當，他們會很喜歡或擅長這些科目。

以我的女兒凱特為例。打從上學以來，她一直認為自己沒有化學細胞。直到有一天，她遇到一位新的化學老師，情況從此改觀。凱特是這麼說的：

「在成長的過程中，我一直不是頂尖的學生。不過，這種說法也不完全正確。我應該說，在某個時間點之後，我開始對學業失去興趣。我曾經是個優秀的學生。我喜歡讀書寫字、美術、舞蹈、合唱、理科和體育。我甚至不討厭穿過分精緻的英國式校服。在我很小的時候，我就被分到數學後段班。我的學校用顏色來分班——藍班是資優班，綠班是普通班，綠二班則是墊底。現在想起來，我覺得這種分班方式非常荒謬。而一路被分到數學綠二班的結果是，我對數字產生了很深的恐懼感，同時非常排斥與數學有關的事物。我總是背不好九九乘法表，分數的概念也總是令我膽顫心驚，我連打個電話都常常會撥錯鍵。小時候被分到數學綠二班這件事，徹底打擊了我對數學的自信心。一段時間之後，我就認定了自己對數學沒轍，於是也就不再努力想辦法把數學學好。畢竟，我在英文、美術和法文課總是名列前茅，而且一個星期有四天可以上我最喜歡的芭蕾課。老實說，我的腦子裡沒有太多空間可以分給數學。」

「當我隨家人移居洛杉磯時，我仍然覺得自己對數學沒轍。一如往常，我被分到了後段班（新學校將它稱為數學三班）。這一次，我連假裝用功都免去了。我幾乎不交作業，上數學課的時間大多在亂塗鴉。假如我不去嘗試，然後失敗了，那是因為我沒有嘗試，而不是因為我不聰明。這是一個很好用的藉口，而且我一用就是好幾年。令我驚訝的是，我的歷任數學老師對我的表現並沒有太大異議，每次都讓我及格。很快的，我升上了十年級，開始上化學課。」

「我一直都喜歡理科，因為它幾乎不需要用到數學觀念，直到我上了化學課，情況才開始改觀。我喜歡理科，主要是因為上課時只要畫一畫水的蒸發循環圖，或是製作一艘可以浮在水面上的小船就好。然而，化學的元素週期表有一大堆數字，而且化學式看起來就像分數，簡直把我嚇壞了。在第一學期的期中考時，我的化學就被當掉了。於是，十年級接下來的化學課，我都不用去上課，多出來的空堂時間讓我很開心。問題解決了。直到升上十一年級時，我發現自己必須重修十年級的化學課。」

「新的化學老師是米勒老師，她一走進教室就開始上課。我整整五十分鐘都在和旁邊的同學傳字條。這個情況持續到第一次考試。當然，我的成績再次不及格。我一點也不在意，但米勒老師可不這麼想。米勒老師並不像其他老師，對我這種其他科目名列前茅、只敗在某一科的學生，睜一隻眼、閉一隻眼。她把我叫到辦公室，然後開始數落我：老是坐在教室最後面、上課不專心、不交作業等等。她說，以我的能力，我不應該表現出如此的行為和態度。我當時覺得既丟臉、又慚愧。不過，她不只是罵罵而已。她說，假如我接受她開出的條件，她就願意私下在空堂和午休時間輔導我。她的條件是：我以後要坐到教室的最前排，而且要承諾努力用功。我別無選擇，只好答應。」

「我們的約定在隔週開始生效。我每天都去向米勒老師報到，複習當天的上課內容，或是預習下次的課程內容。結果，我的程度立刻突飛猛進。非常神奇的是，我發現只要我專心學習（那是一對一的教學，我非專心不可），就可以弄懂化學觀念。更令我驚訝的是，我愛上了化學。我不僅一整年的化學成績都名列前茅，還可以教班上的其他同學，甚至考慮上大學時主修化學。我期待上化學課，也期待做作業。我的實驗手冊填得滿滿的。我寫出來的化學式正確無誤。我甚至不怕數字了。」

「我迷上了化學，只因為有一位老師發現，某位學生在其他科目表現優異，卻在她教的科目糟得離譜。只因為有一位老師看出，我在傳統的上課教室裡學習效果不佳，於是決定抽出個人的時間，私下為我輔導課業。」

「她不放棄我，也不讓我放棄我自己。她這麼做，不僅讓我的學業總平均分數提高，也讓我的自信心飆到最高點。要不是遇到米勒老師，我這輩子都會覺得自己對化學沒轍、我就是搞不定這門學科。她教給我的不只是化學的知識，她讓我意識到，當我真正努力去嘗試，我就可以辦到。這個領悟徹底影響了我的人生。」

你的學習風格是什麼？你可以從不同的觀點來思考。

儘管人類的學習方式有千百種，專家為我們精確定義出幾種。舉例來說，教育理論家大衛・柯伯（David Kolb）依照學習風格，將人區分為四個類型。其一是聚合者（converger），這種人能夠實際應用觀念、學習時不易動感情、興趣範圍狹小。其二是偏離者（diverger），這種人富有想像力，能夠從不同的觀點思考與看事情，擁有寬廣的興趣。其三是吸收者（assimilator），這種人非常善於創造理論模式，精於歸納性思考，比較關心抽象概念而不是人。其四是適應者（accommodator），這種人最大的長處在於「實做」，能夠承擔風險，臨危授命時能有良好的表現、能夠直覺地解決問題。

「學習風格索引」（Index of Learning Style）的共同建立者理查・費德（Richard Felder）將學習風格分為八類。主動（active）式學習者擅長透過應用或說明來學習。反思（reflective）式學習者會將學習到的觀念先自行思考，再加以應用。感覺（sensing）式學習者喜歡學習具體的實事，而且擅於細節。直覺（intuitive）式學習者喜歡區分事物間的關係，而且擅於學習抽象概念。視覺（visual）式學習者最擅於記住看過的事物。口語（verbal）式學習者最適合透過文字與口語解釋學習。循序（sequential）式學習者喜歡按照邏輯性的步驟，循序漸進地學習。總體（global）式學習者喜歡做跳躍性思考，會不斷吸收資訊，直到弄懂為止。

尼爾・弗萊明（Neil Fleming）發展出來的VARK，可透過簡短的問卷做學習風格分類。它將學習者分為四種學習偏好：視覺型（visual，透過圖表、地圖等吸收資訊）、聽說型（aural/auditory，透過演講、錄製簡報與討論等吸收資訊）、讀寫型（read/write，透過文字吸收資訊，來源包括書籍、網路、PowerPoint簡報等等），以及動覺型（kinesthetic，透過具體的個人體驗吸收資訊）。

你可以到http://www.vark-learn.com/english/page.asp?p=questionnaire網站回答一份簡短的問卷，以了解自己的學習偏好。上述幾種分類方式，或許可以幫助你診斷出你自己沒有意識到的學習風格。了解自己的學習偏好之後，也許你就可以開始試著拓展自己的能力範圍。

儘管柯伯、費德與弗萊明分別提出三種模式（還有其他人提出的其他模式），他們對兩件事所見略同。其一是：幾乎沒有人永遠用同一種方式學習；每個人會綜合運用各種學習風格，在學習不同的事物時，著重於不同的學習方式。其二是：大多數人會在某個點開竅。雖然我們的學習過程綜合了視覺、聽覺、閱讀與動覺等方式，當偏好的學習方式被觸發時，我們的學習效果會變得最好。假如你是個視覺型學習者，當你上課聽講時，你可能大部分時間都在神遊，直到教授開始在黑板上畫圖表，你才回神。

不同的學生對同一個老師的上課方式有不同的見解，有些人覺得解說的部分太多，有些人則覺得圖片的部分太多。你對歷史從來就不感興趣嗎？這也許是因為你的學習主要仰賴視覺，而從來沒有人幫助你「看見」歷史。你對於要動手做的作業缺乏耐性嗎？這或許是因為你偏向於讀寫式的學習，而在每次開始動手做之前，你從未想過要先研究一下操作的流程。

我們都希望自己能夠擁有寫詩、平面設計、調酒或是千百種其他的技能，卻又不太敢去接觸，只因為我們唯一一次去嘗試時，得到了不好的經驗。賣你數位攝影機的銷售員，老是用講解的方式教你怎麼使用，而你真正需要的，卻是實際操作一遍。想要教你編織的朋友，劈頭就拿起棒針教你怎麼織，而不先向你解釋編織的概念。假如在這些初次經驗中，教導者使用的不是你偏好的學習方式，你很可能只學到皮毛而已。

有位朋友最近跟我說他女兒在大學時學統計學的經驗。由於中學時期上數學課的慘痛經驗，她對數學避之猶恐不及。上大學後，一直拖延著不去修統計學這門必修課，一直拖到大四。到了大四時，在上統計學的第一天，她懷著忐忑不安的心走進教室，心想上課的每一分鐘一定都會非常可怕，而且預期這種恐懼會持續一整個學期。然而，她的統計學教授並沒有用方程式和定理對她進行疲勞轟炸，反而盡說些統計學應用在各種情境中的小故事。這個可能會被費德歸類為直覺式學習者的女孩，看見了這些生活小故事與數學理論之間的關聯。打從上小學以來，這是她第一次「弄懂」數學算式背後的概念。當然，這個經驗並不足以讓她放棄新聞系，轉而攻讀數學方面的博士學位，但至少讓她修過了統計學，甚至在班上名列前茅。

了解自己的學習風格，並運用此學習模式盡可能探索自己的興趣，是充分發揮自身才能的關鍵。一旦你發現，你的學習方式會直接影響你的學習成效，你就能夠海闊天空，採用最適合你的方式，學習所有的學科。

專注力

對於學齡兒童而言，未能應用適合自己的學習方式，可能會導致嚴重的後果。其中一個例子是近年來愈來愈流行的「注意力不足過動症」（attention deficit hyperactivity disorder, ADHD）。不要誤會了，我從來沒有說過ＡＤＨＤ不存在，醫療界普遍承認這種症狀確實存在。我所質疑的是它的確診率。二〇〇七年，在四至十七歲的孩童中，有將近10％的人（相當於五百四十萬名孩童）被診斷為ＡＤＨＤ病例。從二〇〇三年到二〇〇七年之間，這個確診率提高了22％。而從一九九七年至二〇〇六年間，ＡＤＨＤ的確診率每年平均成長3％，從二〇〇三年到二〇〇七年，確診率每年平均成長5.5％。這對製藥公司來說，無疑是個利多消息。根據藥物資訊公司IMS Health的調查，全美國的醫師在二〇一〇年一共開出了五千一百五十萬張ＡＤＨＤ用藥處方，創造了七十四億二千萬美元的藥品銷售額。與二〇〇六年的四十億五千萬美元相較之下，成長了83％。

ＡＤＨＤ的發生率真的有成長的理由嗎？答案是有可能。大量攝取加工食品與含糖飲料的飲食習慣，可能是原因之一。另一個可能的因素是數位文化的強制性吸引力。每天長時間待在電視或電腦螢幕前，有可能導致孩子的注意力不斷處於快速變換與同時多工的狀態。這兩個因素可能導致真正的ＡＤＨＤ的發生。但以下的因素卻不然。

如今，ＡＤＨＤ已成為廣為人知的症狀。於是，只要孩子看起來有點無聊或分心，大人很可能就會毫不遲疑地為他開出一張處方。有些孩子確實有ＡＤＨＤ，但還有許多孩子其實並不是真的患有ＡＤＨＤ。有不少研究顯示，許多ＡＤＨＤ的檢查與診斷過程太過倉促與粗糙。

此外，許多孩子在學校覺得無聊或是坐不住，並不是因為他們有ＡＤＨＤ，而是因為學校要他們做的事情確實非常無聊。誠如美國喜劇女演員菲莉絲・迪勒（Phyllis Diller）所說的，我們在孩子出生後的前三年拚命教他走路和說話，卻在接下來的十二年在學校要他們坐好和閉嘴。小孩子天生擁有充沛的體力和永無止境的好奇心，許多孩子老是坐不住，這並沒有什麼好奇怪的。

當我遇到孩子被診斷出ＡＤＨＤ的家長時，我時常會問他們，他們的孩子是否從來沒有專心的時候。通常我聽到的答案是否定的。當孩子正在做他們喜歡的事時，他們可以專心好幾個小時，而且幾乎頭抬也不抬一下。他們喜歡的事物可能是作曲、寫詩、與動物相處、做實驗等。當他們歸屬於天命時，他們完全不會展現出ＡＤＨＤ的症狀。假如父母、師長和其他大人能以更開放的態度看待智能與學習模式，我相信許多ＡＤＨＤ的案例會因此消失無蹤。

做自己

假如你拒絕順從教育體制對智能的狹義認定，並且挖掘自己潛在的天分，那麼你也許可以徹底改變自己的人生。漢斯・季默（Hans Zimmer）是奧斯卡獎和葛萊美音樂獎的常勝軍，他創作的電影配樂超過一百首，包括「獅子王」（*The Lion King*）、「黑暗騎士」（*The Dark Knight*）、「神鬼戰士」（*Gladiator*）以及「全面啟動」（*Inception*）等。

他成長於德國和英國，在每一所待過的學校裡都是問題學生。他上過五所學校，但始終逃不出相同的命運，根據他的說法，他每次都被學校「攆出去」。他上課總是坐不住、時常感到無聊、在班上調皮搗蛋、注意力無法集中，簡言之，他在學校裡待得很痛苦。假如那個時候ＡＤＨＤ已經存在，他無疑會被確診為ＡＤＨＤ，並且被大人以藥物伺候。在那時，只有音樂可以讓他專心——當他不是待在學校，而是家裡時，他可以長時間坐在鋼琴前，創作音樂旋律。

長大後，他迫不及待地離開學校，走上搖滾樂手的路。他曾加入無數個樂團，後來在一九七〇年代與The Buggles樂團以一首暢銷歌曲〈電視殺了廣播歌星〉（Video Killed the Radio Star）成名。

當時，漢斯連想都沒想過自己有一天能為電影製作配樂，不為其他，只因為他當時看不懂傳統的樂譜（他現在仍然不會）。他人生的轉捩點，出現在有一天，有人向他請教該如何使用穆格（Moog）音響合成器。對他而言，這個事件是一項啟示。漢斯發現，他直覺地知道該如何運用這種工具創作音樂，而且為它的無窮可能性大為著迷。

接下來，他接到不少邀約，為商業廣告與小成本獨立製作電影創作配樂。最後，他移居好萊塢。現在，他已然成為世界知名的電影配樂大師，為許多主流電影製作配樂，還有無數的電影導演排隊等著與他合作，請他為電影製作熱情洋溢、震撼人心、感人至深的樂曲。

他位於聖塔莫尼卡（Santa Monica）的工作室，完美地將現代高科技與傳統書房融合在一起，它介於美國太空總署地面指揮中心（NASA Mission Control）與鄉間老房子的書房之間。當我去他家拜訪時，我們坐在高解析度的超大電影螢幕以及一排排的電腦前聊天，他告訴我，他現在仍然不會看傳統的樂譜。「不過，假如你把我丟到一台有作曲軟體的電腦前，我可能可以當場把軟體裡的曲子『視唱』給你聽。我想，我們每個人都會為自己整理出一套最合用的方法。如果這意味著你必須做一堆別人眼中的白工，那你也得做。另外還有一件最重要的事，那就是彈奏曲子就像是我的第二天性一樣。」

漢斯很小的時候就會彈鋼琴，而且幾乎在同一個時期開始作曲。因此，不會讀譜實際上根本不是問題，也許反而是好事。因為他因此可以用與眾不同的方式看待音樂，不受音樂老師的影響。漢斯也向大師學習，但他不是向古典音樂大師學習，而是從偉大的建築師身上得到啟發。

「我天生對於模式、形狀與建築物非常有概念。我所作的曲子大多是受到諾曼・福斯特（Norman Foster）與法蘭克・蓋瑞（Frank Gehry）這類建築大師的作品所啟發。我很喜歡欣賞他們設計的建築，研究他們如何把各個元素拼湊在一起。當我看自己所作的曲子——當然不是以樂譜呈現，而是以電腦呈現——我看的是音樂所呈現出來的形狀，當形狀與模式看起來是對的，這音樂聽起來通常很好聽。我很欣賞福斯特對位於柏林的德國國會大樓（Reichstag）所做的改造。他在一棟惡名昭彰、醜得不得了的老式德國建築上面，加蓋了一個精采的現代結構。他將新與舊巧妙地融合，這也正是我對自己作品的看法。我總是在古典的德式語彙中塞入現代科技、搖滾樂和電子樂。」

「有一件滿好玩的事是，人們總是問我，『你受到哪些作曲家的影響？』我會給對方一堆人名，但是我也會提到許多建築大師的名字。因為這些大師雖然沒有直接影響我，但卻啟發了我。歸根究柢，你需要的是能夠啟發你的人，而不是能影響你的人。」

對漢斯而言，音樂不只是一種熱情，更是尋得人生意義與成就的途徑。要尋得這條路，必須先克服許多刻板印象——包括對智能與學業成就的看法，以及對於音樂技巧與作曲能力的傳統看法。音樂在他的家庭中扮演了非常重要的角色，而他顯然也對音樂很有感覺。然而，他的卓越成就來自他追隨了天賦的召喚，同時願意探索許多其他領域的創作，並接受這些創作的指引。

期待意料之外的答案

要尋得天命，你可能必須挑戰你對自己的現有看法。不論你現在幾歲，你對於自己做得到與做不到、擅長與不擅長的事物，都已有定見。當然，你的看法可能是對的，然而，基於上述討論過的理由，你也可能被自己誤導了。

要理解自己的現況，需要先了解自己是如何走到今天這一步的。因此，假如你對於自己在某些領域的天賦有任何懷疑，請你想想這些懷疑最早是怎麼來的。

有沒有任何其他的方式，可以讓你發展天賦的過程更愉快、更充滿驚喜？有沒有任何天賦，是你從未使用過的？你要如何發掘這些天賦？下面的練習可以幫助你跨出下一步。

練習六：拓展自己

- 你不確定自己是否擁有某些在別人身上看到的天賦，你請把這些天賦列出來、或是用拼貼圖片呈現出來。

- 從中挑出你覺得有興趣探究或培養的天賦。
- 找出有哪些活動需要運用這些天賦，列出清單或拼貼圖片。
- 把你有興趣嘗試的活動圈起來。
- 詳列該如何進行這些活動的步驟。

在進入下一章之前，請思考以下幾個問題。

- 最適合你的思考與學習方法是什麼？
- 是否曾有人告訴你，你可能很擅長某些事物，而你從來沒有想過這個可能性？
- 你是否曾逃避從事某些活動，只因為你認為自己不擅長這些活動？
- 你是否曾用新的方法學習你「不擅長」的事物？
- 是否有任何事物是你覺得，假如自己有機會用適當的方式嘗試，就有可能做得很好？

第四章

你熱愛什麼？

追尋天命，需要仰賴熱情，
也就是正向精神活力。
你要不斷發掘尋找，
享受這個不斷成長的過程，
在你意想不到時，
人生會為你敞開機會大門。

假如到目前為止，你已做過每個練習，而且思考過每章向你提出的問題，你可能開始對自己天生的優點與缺點——你的天賦——有比較清楚的概念。然而，歸屬於天命指的並不只是做自己擅長的事物。許多人做的是自己擅長的事，但不是自己熱愛的事。歸屬於天命同時意味著你必須熱愛你所做的事。那麼，所謂的熱愛，指的到底是什麼？找到熱情為什麼很重要？又該怎麼找？

我曾和許多人討論過天命的議題，而他們對於「熱情」這個概念都有所保留。對某些人而言，這個詞彙代表了閃亮的眼神與怦然心跳的感覺，他們不確定自己能否有這種感覺，就算有，也不確定這種感覺能持續多久。對其他人而言，他們想到的是更多的問題。例如：

- 假如我沒有任何熱情，該怎麼辦？
- 假如我熱愛某件事物但卻不擅長，該怎麼辦？
- 假如我所熱愛的事物在道德上具有爭議性，該怎麼辦？
- 誰來處理那些枯燥麻煩的瑣事？
- 我怎麼判斷自己是否已經尋得天命？

在本章結束之前，我會一一回答這些問題。首先，我想要說明所謂的熱情到底是什麼、它與「愛」和「靈魂」之間的關係，以及它與天命的真正關聯。

不過，在那之前，請你先思考一下自己喜歡——以及不喜歡——做的事。下面這個練習，是以你對自己的了解為基礎。

練習七：你喜歡做什麼？

- 請看一下你在練習四列出的清單，也就是你所擅長的活動。請想想這些活動需要運用哪些天賦，再參考你從練習五得到的結果（譯注：也就是你表現平平與不擅長的活動），以及你後來得到的任何想法，為這個清單上的項目做必要的增減。
- 請問問自己，在你擅長的活動當中，哪些：

A　你樂在其中

B　你無所謂

C　你並不喜歡

- 和之前一樣，用不同顏色的筆，將你擅長的活動按照你對它的感覺分成三類。
- 另外拿一張紙，畫一個三欄表格、或是三個大圓圈，把上述的三類活動謄寫進去。

把這張紙放在手邊，我們稍後會再回來看這個練習的結果。現在，讓我們聽聽另一個故事，了解所謂的熱情指的到底是什麼。

感受到熱情

大多數人都不太敢把一支鐵鎚交給一個四歲大的小孩，因為擔心孩子會把四周的東西全都敲碎、或是把自己的牙齒給敲掉。當艾蜜莉・康明斯（Emily Cummins）的祖父把一支鐵鎚交給她時，並沒有導致任何悲劇——反而點燃了她的熱情。

「我小時候老是和阿公待在院子後面的棚子裡，」艾蜜莉告訴我。「阿公會用剩餘的零碎木料做玩具給我和我的表兄弟姊妹，他的發明天才總是讓我崇拜得不得了。等我大一點時，他就開始教我做東西。我們從釘木板凳開始做起。在唸中學的時候，我已經會操作車床，做我自己想要的玩具。用廢材製作出東西的興奮感，以及自己創造東西所產生的成就感，令我深深著迷。」

艾蜜莉在上小學之前就已經知道，她找到了自己熱愛的事物，只不過那時的她還不會用「熱情」這個詞彙。她沉醉在其中，而且知道沒有任何其他的事物能帶給她相同的感覺。

「我阿公點燃了我心中的創作慾，我希望這個慾望永不熄滅。他讓我做很多大人不允許小孩子做的事。他讓我把東西拆開來，再組裝回去。他會給我一些小小的挑戰，而我會發揮創意，試著用不同的方法製作出東西。當阿公看見我有興趣，他就更熱中於教我更多事情，讓我嘗試愈來愈多的東西。他仔細地教我如何使用他的機械工具，而且放心讓我自己操作。我曾經犯過錯——我的手指曾被圓形砂紙磨光機磨破皮——但對我而言，操作機械帶給我的興奮感是無法言喻的。假如阿公沒有鼓勵我去嘗試，我就不會知道工藝技術是什麼，因為學校沒有教這個。」

艾蜜莉上高中時，開始參加工藝設計競賽。此時的她已經提高了自己製作東西的目標。以前她製作、發明東西，只是為了給自己和表兄弟姊妹做點小玩意兒來玩，現在，她想要做一些可以為現實世界解決問題的東西。在第一次參加比賽時，她想到了外祖父因為關節炎而擠不出牙膏的問題，於是做了一個自動擠壓器。

「我的作品最後必須接受工業設計專家的審查。我當時很害怕，因為我從來就不喜歡當眾發表言論。我先介紹了自己的作品，然後評審開始提出各種問題。這時，我突然發現自己擁有一股我從來沒有意識到的勇氣。我熱愛自己的作品，而且對這個作品充滿信心，而這股自信心在當場顯露無遺。我最後得到了冠軍，他們說，這是因為我對自己的作品充滿熱情，這在其他參賽者的身上是看不到的，其他人做的，都是擺放 PlayStation 遊戲機的架子之類的東西。」

在上大學之前的最後一次比賽，她決定孤注一擲。

「我決定與一個荒謬的挑戰對決，我想發明一台不需要用電的冰箱。我的指導老師為此擔心不已，因為她知道，這是我進大學的最後一步。她說，『這次如果搞砸了，你會很慘。』對我來說，這才是我想要的挑戰。」

「我把所有的心力都投注在這個計畫上。我去拜訪過好幾家公司，然後自己做研究。我知道我辦得到。我最後做出了一個用蒸發原理運作的簡易型冰箱。蒸發原理早已為人所知——這並不是我發明的！它牽涉到熱傳遞的原理。這個冰箱的裡面是一個完全乾燥而且衛生乾淨的小隔間，而你可以用髒水來冷卻冰箱裡的東西。」

這個計畫非常成功，不過，老師對於她上大學的憂慮，有一部分應驗了。有許多大學願意收艾蜜莉，但是她卻不想進大學。

「那不是我想做的事。」她說。她決定延後上大學的計畫，並且告訴她的父母，她想要帶著這項發明到非洲去。

「我寫了一份創業計畫。我以前從來沒有寫過創業計畫，於是我去找教商學的老師幫忙，寫出了一份相當簡單的計畫。我堅信這個產品一定會成功。結果，我的熱情與決心為我贏得五千英鎊的創業基金。到非洲後，我做了一些志工的工作，這是我和父母約定好的事，因為我當時只有十八歲。我到納米比亞（Namibia）和一家青年旅舍的老闆合作。他帶我到一個小鎮為我的冰箱試試水溫。我不敢告訴父母這件事，因為他們一定會被嚇壞。然後，我開始教其他人怎麼製作我的冰箱。我運用當地的資源與素材，並且開始和一些當地婦女做生意，她們再將這個概念傳播出去。現在，納米比亞、南非、辛巴威和波札那（Botswana）都有人在用我的冰箱。」

艾蜜莉非常小的時候就擁抱她的熱情，直到現在，她仍然不斷運用她的熱情，改善人們的生活。艾蜜莉的故事以及其他人物的經驗，是否幫助我們了解熱情的本質到底是什麼，尤其是與天命有關的部分？

熱情是什麼？

「熱情」的英文（passion）有一個有趣的典故。這個字來自希臘文paskho，原始的意思是「受苦」或「忍耐」。基督徒用這個字來指涉「基督的受難」（the Passion of Christ）。經過時代的變遷，它的現代字義已經變得幾乎與原義完全相反。在現代，熱情指的是深深受到某個事物吸引的感覺——這種強烈的吸引力或熱忱，可以帶來深刻的喜悅與滿足感。熱情是愛的一種形式。因此，我們時常聽到歸屬於天命的人說，他們熱愛自己所做的事。

愛有很多種。對家人的愛、浪漫的愛、性愛、朋友的愛，以及對地方、事物與活動的喜愛。以英文來說，「愛」這個字可以用來涵蓋你深受吸引的一切事物，從甜甜圈到未婚夫都可以。那麼，當你歸屬於天命時，你感受到的是哪一種愛？

所幸，有些語言對「愛」有更細微的區分，可以幫我們界定自己感受到的是哪種愛。例如在古希臘，有四個字同時代表了「愛」。「神聖之愛」（Agape）指的是我們對他人與崇敬之人的善意；最接近的英文字是「博愛」（charity），原義是「對他人無私的愛」。「男女之愛」（Eros）指的是與另一個人之間浪漫的愛與性吸引力。「親人之愛」（Storge）指的是父母與子女對彼此與生俱來的情感，以及我們對親近之人所產生的情感。「朋友之愛」（Philia）指的是朋友之間的友情以及對彼此的忠誠，也指特定事物或活動對我們所產生的自然吸引力。

Philia是英文「-phil」、「-phile」和「-philia」等字尾的字源，都是指對某事物的偏好。例如「bibliophile」指的是「愛書成癡的人」；「Francophile」指的是「所有與法國有關的事物都愛的人」；「chorophilia」指的是「愛跳舞的人」。比較少見的還有「dromophilia」，指的是「喜愛橫越馬路」；「sesquipedalophilia」指的是「喜愛落落長的字」。

我們很難把agape、eros、storgephilia完全區分開來。自古以來，這幾個字的用法一直都有重疊之處。即便如此，當我們談到對烹飪、考古學、運動競技、創業、教書的熱愛，或是提到能夠激發我們的想像力、並給我們源源不斷活力的其他事物時，與我們心中所想最接近的，應該是philia這個字。這裡的關鍵字是「活力」。生活是活力的化身：沒有活力，就沒有生命。而熱情就是正向的精神活力。

兩種活力

在尋找天命時，你需要區分雖屬兩種但又密切相關的活力：體力（physical energy）與精神活力（spiritual energy）。

你的健康狀況以及你如何照顧自己的身體，都會影響你的體力。假如你吃的食物不健康、喝太多酒、服用某些藥物、運動太少或是睡覺不定時，長期下來，你的身體會反映出這些生活習慣。假如你生病了，你的體力也會下降。過度的消耗也會影響你的體力；跑完馬拉松之後，不論你的體格有多好，你的體力都會耗損。假如你注重身體健康，廣大的健康食品市場正等著你掏錢消費。

然而，不論你的健康狀況如何，還有其他因素會影響你的體力，其中包括動力、心情與情緒，以及人生展望與目標。這些和你的「精神狀態」有關。我所謂的「精神狀態」，指的是精神活力：心情高昂或是低落。

在普通的一天中，你的體力可能會因為你在那天所做的事，以及你的心情變化而時高時低。假如你做的是自己熱愛的事物，當一天結束後，你可能感到身體很累，但精神卻非常亢奮。假如你一整天做的只是自己喜歡的事，一天下來，你可能還有體力，但情緒難免低落，而且會想要喝一杯酒來解悶。所謂的熱情，能夠補充你的精力、而非耗損你的精力。

我的哥哥伊言是很優秀的音樂人，打從十四歲開始，就在搖滾樂團當鼓手，而他彈奏鍵盤樂器與吉他的能力，也達到職業水準。音樂是他人生中最熱愛的事物，卻不是他主要的收入來源。他靠經營生意來養家活口。音樂與生意在他的職涯中同時並存。

長久以來，他一直隨著樂團巡迴演出，同時不定期做個人演出，時常表演到很晚才回家。尤其是到外地演出時，回到家的時間往往已經過了半夜。而他隔天仍然必須早起，到辦公室去工作。即使工作忙了一整天，他仍然會在他的音樂工作室待到凌晨，彈奏樂器、聽音樂和練習曲目。對伊言來說，他無法想像沒有音樂的人生。就算體力已經耗盡，音樂仍然能為他的精神注入活力。

人們所從事的活動無法斷然分為「提振精神」與「耗損精神」兩種。每一項活動都有人喜愛、有人厭惡。我對逛街購物就很感冒，但我的朋友（和家人）卻熱愛逛街購物。有一個朋友甚至考慮以購物為業，陪伴客戶去採購衣服與家具。這是我無法想像的工作。假如我接下這份工作，我會不知從何開始，而且第一次出任務就會把客人嚇跑。除此之外，每當我進入一家商店，我的體力就會倏地歸零。只要一踏入服飾店的大門，我就會喪失活下去的動力；我會變得垂頭喪氣、眼神呆滯，而且必須找個地方坐下來，靠椅子來支撐我那沉重的心情。我在大多數特賣商場感到呼吸困難，但我看到其他人卻是呼吸順暢，而且一臉興奮雀躍。

不論是哪個行業，都會有人樂在其中，也會有人無法忍受。我曾經在推特（Twitter）上提出一個問題：「在你認識的人當中，有沒有人從事的工作是你無法忍受的？」結果回應十分踴躍，幾乎將我淹沒。

答案的多樣化足以證明我的論點。有幾個網友立即回覆：「我的直腸科醫師！」這個答案引發的想像簡直讓人生不如死。直腸科醫師在醫療界占有不可或缺的地位。直腸癌是癌症排行榜上的第三名，而且早期發現是一件非常重要的事。我不想活在沒有直腸科醫師的世界裡，而大多數的直腸科醫師會告訴你，他熱愛這份工作。這個例子充份彰顯：並不是所有的職業都適合每一個人。

有一位女網友回答說，她有一個朋友熱愛清掃下水道。這是現代社會中另一個非常重要的工作，而且沒有太多人感興趣，但是這位仁兄就是喜愛這份工作。另一位女網友說，攀登高山或是在叢林中冒險，是她最大的惡夢，但是對某些人而言，徜徉在青山綠水間，正是他們夢寐以求的人生。這位網友讓我想起英國一位偉大的表演藝術家瑪蒂・肯恩（Marti Caine）。她曾經告訴我老婆：「不能穿著高跟鞋做的事，我一點興趣也沒有！」

許多人無法想像有人會樂在其中的工作，還包括會計師、律師、護士和警察。不過，也同樣有許多人表示，他們熱愛這些工作。有趣的是，一個常聽到的答案是「老師」。許多人說，他們熱愛教書；但也有同樣多的人說，他們如果去教書，鐵定撐不了一個星期。幾乎所有熱愛教學的老師都表示，在他們的朋友當中，有人打死也不當老師。有一位老師是這麼說的：

「學校裡高年級的學生和一些朋友常會問我同一個問題，『為什麼是教書？你為什麼選擇教書當做職業？』而我通常用另一個問題來回應：『為什麼不選擇教書？我為什麼不去做我熱愛的工作？』這些人的問題，就好像在問我的父親和祖父：他們為什麼要耕田？他們在年少時就找到熱情，找到自己擅長做的事，然後就去做了。他們做這份工作，不是為了名、也不是為了利，只是出於喜歡，如此而已。他們對工作的熱愛，讓他們不覺得自己做的事情是工作，他們只是順從本性，去做自己想做的事而已。我的祖父已經八十二歲了，但是他現在仍然在種田——八十二歲的高齡耶！不論刮風、下雨、下雪、還是下冰雹，他都會拖著已經換了人工膝關節、人工髖關節、人工肩關節的老邁身軀，照常下田工作！他瘋了嗎？他喪失理智了嗎？並沒有。只因為下田已經是他人生的一部分，不做這件事，他就不是他自己了。」

這個例子的重點在於，要找到熱情、要歸屬於天命，你必須找到精神活力的來源。我們再看一個例子。

吉他英雄——工藝篇

康明斯很小的時候就找到自己熱愛做的事，而藍迪・帕森斯（Randy Parsons）則多繞了一些路。

藍迪在高中時，他的朋友都告訴他，他有一天會成為搖滾明星。藍迪成長於西雅圖，吉他彈得很好，遠比其他同儕好得多。當他大學畢業時，他很確定自己沒有成為職業搖滾吉他手的天分。他對音樂充滿熱情，但他在音樂界看不見自己的未來。從學校畢業後，他同時也放棄了吉他。完全放棄。他把吉他賣了，去當職業軍人，後來在執法機關工作，徹底放下了音樂。

唯一的問題是，他覺得自己好像少了什麼。「我過得還算快樂，」他告訴我。「但是就和大多數人一樣，在內心深處，知道好像有什麼東西少了。我告訴自己，『人生就是這樣，我只需要努力打起精神，好好過日子就行了。』我已經不是原來的我了。那種感覺就像是你知道自己娶錯了老婆，但你仍然決定要這樣過一輩子。我把那個空洞的聲音埋藏起來，努力好好過日子。但是，我始終有種感覺，覺得自己不夠完整。我在西雅圖又待了五年。然而，有一個東西一直在呼喚我，我說不上來那是什麼，但那個聲音告訴我，我還沒找到我該做的事。」

藍迪本來有可能就這樣過了一生。他的工作表現非常好，老闆也很賞識他。他能預見自己的職位將會一路高升。他原本可以說服自己：不做原來的自己也沒什麼不好，人生中沒有熱情也沒什麼不好。所幸，他並沒有真的這樣做。

有一天，當他在洗澡時，「我未來的人生在我的眼前一閃而過，」他說。「就在那一瞬間，我不但看見了自己該做的事，也知道該怎麼做才能走上那條路。老天保佑。我看見自己成為一個出名的吉他工藝師，幫我的偶像製作吉他。這個影像清楚到令我不自覺地發抖。我趕緊擦乾身體，立刻開車到五金行買工具。我連要買什麼工具都不知道。我的簽帳卡裡有三百美元的額度可用。我買了一台一百美元的小型帶鋸機、一些膠水和一支鐵鎚。我跑回家，衝進地下室，把那裡整理成一個木工工作室。我在那裡整整待了兩年，自己一個人研究要如何做出吉他。」

藍迪當時並不知道自己擁有成為國際知名製琴師的天分——他在學校工藝課的表現並沒有太突出——但是他的心中有一股壓抑不住的慾望，想要讓他在洗澡時看見的景象成真。

於是，在接下來的兩年，他所有的空閒時間都待在地下室，不斷切割木材。吉他做到某個程度時，他發現了錯誤，於是從錯誤中學到教訓，然後再重新開始做另一把吉他。

「我的老婆和家人都覺得很奇怪，我為什麼不把吉他完成。我告訴他們，『我不在乎吉他有沒有完成，我盡力做到最好，但是如果哪裡出了錯，我就會把它丟掉，然後重新開始。』

兩年過去後，他連一把吉他都沒有完成，但是他覺得自己學得已經夠多了，可以開一間附設在樂器行裡的吉他修復工作室。於是，他辭掉工作，把退休金帳戶裡的錢都提領出來，開始創業。而在同時，他仍然不斷精進自己的技巧，繼續製作吉他。

他堅信佛朗明哥（Flamenco）吉他才是最純粹的吉他製作形式，因此，他決定開始吃大量墨西哥食物，並開始學習西班牙語，讓自己進入正確的心態。他請了一位大學教授來教他西班牙語。

當這位教授問他為何要學西班牙語時，他把理由告訴了他。沒想到，這位教授不僅認識傳奇製琴師波亞茲（Boaz）——藍迪心目中的「流浪吉普賽搖滾明星吉他工藝師」——還知道波亞茲當時人剛好在塔科馬（Tacoma），打算製作一系列沒有人知道該怎麼做的特殊吉他，這番話令蘭迪感到驚愕。

「隔天，我立刻開車到塔科馬，開始在波亞茲的手下工作。從木材的了解到吉他的製作方法，波亞茲一步一步教我。假如我沒有花那兩年待在地下室，就一定聽不懂波亞茲在說什麼。因為我是從零開始經歷那個過程，我聽得懂他所說的一切。他帶著我，把所有失傳的祕密技法都教給我，例如，怎麼樣把一塊木頭放進嘴裡品評味道，以決定這塊木料的狀態是否已經可以用來製作吉他。假如木頭裡的汁液已經結晶，那就表示這塊木料可以做出音色很好的吉他。」

在接下來的一年，藍迪把大部分時間花在向波亞茲學習技藝，其他時間就用來經營他的吉他修復工作室。他對於製作吉他和經營生意都同樣喜愛。他想要自創品牌，也想要行銷自己做的吉他。當吉他連鎖店「吉他中心」（Guitar Center）在西雅圖開分店時，藍迪看到了大幅拓展生意的機會。

「他們的店隔壁有一間空的倉庫。我對他們說，我想要把倉庫的一部分改裝，反正他們也用不到這個倉庫。」「吉他中心」的人不想接受藍迪的提議，但是同意讓藍迪看看那個倉庫。

「我到那裡，拍了一些照片。那時，我已經設計好自己的名片：黑色的底色，上緣有一條紅色的邊線。我在倉庫後方的角落看到了一個東西，並且把它拍成照片。有人掛了一大塊黑色的防水布在牆上，而這塊布的上方剛好有一條紅布條。我的名片就掛在那個倉庫裡！我當時就決定要在那裡開業。」不到一個月，藍迪的店就在那個倉庫開張了。

那裡就是「帕森斯吉他」（Parsons Guitars）公司的起點，後來成為享譽國際的吉他製造商。「白線條樂團」（White Stripes）吉他手傑克・懷特（Jack White）是第一個向藍迪購買吉他的超級搖滾巨星，他甚至在戴維斯・古根漢（Davis Guggenheim）的搖滾吉他紀錄片「可能有點吵」（*It Might Get Loud*）中，提到了藍迪的名字。

從此以後，許多樂手都打電話向他訂製吉他。「當我還是青少年時，吉米・佩吉就是我心目中的神。兩年前，我在他於洛杉磯下榻的一個飯店房間裡，將一把吉他交給他。而現在，我正在幫他製作另一把吉他。」到目前為止，藍迪在西雅圖已經開了五家「帕森斯吉他」的分店。

就在幾年前，藍迪完全不知道自己對於吉他製作會產生熱情。現在，他已經是世界知名的吉他製作工藝師。對藍迪而言，他學到的教訓是：不要逃避。「你一定要找到你熱愛的那個東西，你對它的愛會讓你成為最專精的人。我不在乎自己將來會不會有錢——我就是非做這件事不可。這是我聽見的召喚，也是讓我快樂的原因。當我在地下室切割木材時，我真的覺得有一股力量抓著我的手，帶著我做每一個步驟。我知道自己正在前往我該去的地方，我對這一點深信不疑。」

假如你在藍迪十七歲時問他，他最愛的是什麼，他大概會告訴你，他最愛彈吉他。然而，他的內心深處，藏著一股他自己尚未發現的熱情：他熱愛吉他工藝。當他發現這股熱情時，他設法創造出一種生活方式，讓自己可以每天從事這項活動。由於忠於自己的熱情，藍迪得以忠於自己以及他的靈魂。

那麼，忠於自己以及他的靈魂到底是什麼意思？

我們同時活在兩個世界裡：由自己的意識所形成的內在世界，以及由旁人和各種事件組成的外在世界。按常理來說，每個人都有本身的「自我」，這是我從親身經驗得知的。我本身的內心世界，通常是由思緒、感覺、感官感受與心情所組成的不間斷意識流動。就和你一樣，我可以在有意或無意間，遊走於不同的意識層次——從在電視前發呆、專心與人談論重要的事、神遊做白日夢、享受與家人互動的歡樂、到整理本書要提出的概念。

雖然這些意識各不相同，但我從不懷疑有一個恆常不變的「我」、或是「自我」正在經歷這種種意識。我想，你應該也是如此。這個「自我」到底是什麼？你所意識到的就是它嗎？或者，你的意識就是你自己？意識到底是什麼？

從最淺顯的層次來說，你在睡著後失去意識，在睡醒時重拾意識。從深一點的層次來說，你的意識就是你、就是你的靈魂。我們常用三個詞彙來討論人類的精神層面：「心靈」（mind）、「個性」（personality）與「意識」（consciousness）。此三者的概念相當複雜，而且彼此多有重疊之處。我想簡單說明我對這三個詞彙的定義。我所謂的「心靈」，指的是你在清醒時可以察覺、並想要加以控制的思緒、感覺與覺知的流動。我所謂的「個性」，指的是你對自己，以及對他人展現出來的性情。我所謂的「意識」，指的是察覺自己活生生的存在。

因此，在我的定義中，意識涵蓋了心靈與個性，但心靈與個性不是意識的全部。就某種程度來說，心靈的連串想法與個性的先入為主，可能會阻礙你察覺更深層的意識狀態，並遮蓋住你真正的靈魂。

我把精神力量分為三個層次：內在精氣神、精神交流以及靈魂。前二者不牽涉到玄學思想，而第三者則涉及形而上的信念。

內在精氣神

自古以來，人類都有一個認知，那就是每個人擁有某種獨特的生命力量，這種力量推動了個人意識。在各種語言文化中，都有代表這個概念的用詞。

在印度與瑜伽文化中，梵文prana意指「生命力」，也就是支持生命存在的力量。這和中國對「氣」的看法很相近，意指生命力或能量的流動，或是「氣息」或「空氣」之意。日文是「氣」；玻里尼西亞文是mana；對藏傳佛教來說是lung，同時有「風」或「氣息」的意思；希伯來文nephesh通常被翻譯成「靈魂」，字面上的意思也是「氣息」。古希臘文psyche的字面意思是「生命」，常被用來指涉人的心靈與意識。

要探討人的「精氣神」從何而來，以及它與我們的身體和大腦之間的關係，是個大哉問，需要涉及科學、哲學與宗教的核心觀念。人類大腦極其複雜，有人估計，一立方公分的大腦組織——相當於你的小指尖的大小——裡面的神經元細胞比全銀河系的星體還要多。神經科學家大衛・伊格曼（David Eagleman）比喻說，人類為了解自己的大腦，做了許多嘗試，這些嘗試就像是一台筆記型電腦把攝影鏡頭轉向它內部的線路，想要了解這些線路的運作方式一樣。

人的意識需要仰賴大腦的活動，這是相當容易證明的事實。在豆豆先生羅溫・艾金森（Rowan Atkinson）主演的英國喜劇影集《黑爵士》（*Blackadder*）中，黑爵士城府很深，是十六世紀英國女王伊莉莎白一世的心腹。在某一集的情節中，女王命令他處決她的政敵。黑爵士後來問他的愚蠢助手鮑德里克（Baldrick），被處決的人死了沒有。鮑德里克回答說：「我們把他的頭砍下來了。這通常表示他已經死了……。」就是這樣。

即使只有一小部分的大腦被切除或是受損，你的心靈、個性與意識都會發生改變。藥物、酒精與疾病也都可以改變大腦裡的化學作用，以及你的想法與感覺。當然，對某些人來說，服用藥物與喝酒的目的就在於此。

你的意識雖然需要仰賴大腦的運作，但並不完全受限於大腦。意識就和大腦一樣，是整個身體的一個功能。舉例來說，大腦並沒有感覺。你所感受到的抽動，來自你的四肢、腸子或是心臟，而不是你頭蓋骨底下的那個東西。你透過肢體動作、臉部表情和語調高低，來表達你的情感與思想。而緊張的感覺通常是以身體症狀呈現出來，像是胃糾結在一起或是脖子疼痛。有些心理狀況甚至會直接導致某些生理症狀的產生。

對某些科學家和哲學家而言，人類演化的漫長歷程以及因此促成的大腦與身體複雜性，足以解釋意識的來源。他們覺得，我們不需要形而上的解釋，意識在人類身上演化了數百萬年，就像可以一百八十度反折的大拇指與立體視覺一樣。

儘管如此，對於意識與人類的本質，科學界仍然莫衷一是。科學無法解釋人之所以為人的奇妙之處：音樂、詩歌與舞蹈帶給我們的喜悅、人類對於創造造型優美的物品與抽象高妙理論的執著，或是初戀時心中那種笨拙而興奮的感覺。科學也無法解釋，我們與他人產生心靈交流的片刻，到底發生了什麼事。

精神交流

當你看見自己喜歡的人，會覺得心情雀躍；當你看見不喜歡的人，就會提不起勁。日常的隱喻，往往表達了這種與他人精神連結的感覺。我們有時會說，自己和某人處於同一個「頻道」；你們之間契合到可以幫對方把一句話說完。同樣的，你也可能覺得和某人說話「不對盤」；你們總是誤解彼此的意思。與他人能不能產生心靈的交流，攸關我們身為一個人以及活在世上的意義。

藝術表演者常會談到他們與觀眾的能量完美結合的時刻。吉他之神艾力・克萊普頓（Eric Clapton）說，在表演過程中，演出者與觀眾彼此「臣服」（surrender）是極為重要的一件事。

「我很難說清楚那是個什麼樣的情況，只能用身體感覺來說明，」他表示。「在表演當中的某個時刻，一股興奮、激動的感覺會一湧而上。那通常是彼此交流的一刻；光靠我一個人是無法產生這種感受的……。不只是樂手；而是融入這個經驗中的每一個人都會感受到。現場所有人似乎合而為一。你感受到一種水乳交融的和諧體驗，每個人聽到的是一模一樣的東西，沒有任何的個人解讀或觀點摻入其中。所有的一切都朝著同一個方向流動……。你可以稱之為『合一』，對我而言，這是一個充滿靈性意涵的字眼。就在那一刻，所有的人合而為一，那是一個非常短暫的瞬間。當然，當你意識到這點時，那個時刻就消失了。」

與他人的精神連結，並不受到空間的限制。一個母親不需要和她的孩子待在同一個房間，也可能知道自己的孩子正在經歷某種痛苦。從更廣泛的角度來說，當時尚潮流、文化價值與習性，以及全人類的思考方式轉變時，我們都會深受影響。心理學家榮格為這種精神上的交互作用創造了一個名詞，叫作「集體無意識」（collective unconscious）。德國人稱之為Zeitgeist：時代精神。

靈魂

對於某些不信宗教的人，以及所有篤信某個宗教的人而言，你的靈魂不只是大腦與神經系統的化學作用而已。就所有的信仰傳統來說，你的靈魂不是生物功能附帶產生的東西，而是一股更大、超出我們日常理解的能量。在猶太教與基督教的傳統信仰中，你的「靈魂」在你的身體死亡後仍然會存在。

在佛教中，最接近靈魂的字是anatta，也就是「沒有靈魂」或「無我」之意，這乍聽之下好像意思相反，但其實不然。佛教思想認為，人的存在超脫了經驗的束縛，當你死亡後，靈魂依然不滅，只是會以新的形式存在。印度人用梵文aatma來指稱每個人的自我，而這個自我屬於Brahman（婆羅門）——宇宙的高我——的一部分。屬於印度本土宗教的耆那教（Jainism）談的是jiva（靈魂），意指個人，相對於Shiva（濕婆神）或Vishnu（毗濕奴），意指神明。伊斯蘭教用的字是ruhi。

在綜合許多靈性修行的傳統之後，托勒認為，有意識的心靈，或是自我，只是我們非常小的一部分。我們的靈魂屬於更崇高的靈性能量的一部分。要與本我和靈性連結，你必須先安撫心靈與自我的各種需求。

「人類一度擁有某種存在當下的能力，以及靜定和警醒的覺知力，」托勒寫道。「他們可以察覺靈性生活的本質，就藏在所有生物、所有生命型態的意識或精神中。他們認出這本質與自己的本質並無不同，並因此愛屋及烏。然而，在這發生之前，大多數人只看見外在的型態，而沒有察覺內在的本質。於是，他們只透過自己的身體與心理狀態，來認定自我。」

這種超脫的經驗是許多信仰體系的核心。是否相信自己擁有形而上層次的靈魂，每個人自有主張。然而，在此時此地忠於你的心，有助於追尋自己的天命。這一點為什麼很重要？

正向的感覺

過去三百年來，西方文化的主流觀點是，智能與某些類型的邏輯與推理有關，而感覺則被視為具有破壞性與干擾性。可能正因為如此，過去一百年來，心理學與精神病學一直把焦點放在情緒失調與精神疾病上。現在，科學界發現了兩件事，而這兩件事是藝術家和心靈導師一向都知道的：其一是，我們的感覺與情緒會決定我們的生活品質；其二是，我們的想法與感覺之間有密不可分的關係。

負面與正向的感覺存有差異。負面感覺包括憎恨、憤怒、恐懼與輕蔑，正向感覺包括喜悅、愛、同理心、快樂與欣喜。

在《精神的進化》（*Spiritual Evolution*）一書中，哈佛大學心理分析師與精神病學研究員喬治・威倫特（George E. Vaillant）為正向情緒以及它對人類的影響不斷辯護。他提到，現代科學已經慢慢認同情緒的重要性。

然而，即便如此，科學界仍然把焦點放在負面情緒、而不是正向情緒上。二〇〇四年，「極具威信的參考書《精神病理百科全書》（*The Comprehensive Textbook of Psychiatry*）裡有五十萬筆資料，而其中，羞愧、罪惡感、恐怖主義、憤怒、憎恨與罪孽等情緒，每筆皆有一百至六百行文字的描述；對於憂鬱和焦慮，各有數千行的說明；只有五行文字是關於希望，一行關於喜悅，至於信念、同理心與原諒，則隻字未提。」

從演化的觀點來看，負面情緒源自人類大腦最早發展的部分，而且關乎個人的生死存亡。正向情緒比較晚才演化出來，可以連結人與人之間的情感。「正向情緒比較有擴張力，可以幫助人類拓展與創造，」威倫特說。「它拓展我們的包容力、擴大我們的道德觀、並且提升我們的創造力……。實驗證明，負面情緒讓我們變得目光狹隘……而正向情緒（尤其是喜悅）讓我們的思考模式變得更有彈性、創造性、整合性與效率。」

沉溺在負面感覺中，可能會對身體和心理健康有害。這些情緒可能為我們的身體帶來壓力，讓我們的心情變得沮喪。而與正向情緒連結，則可以帶來相反的效果，也就是改善身體和心理的健康。威倫特把人類的靈性歸因於人類大腦的特殊屬性，以及我們與生俱來感受正向情緒的能力。

到目前為止，威倫特主持哈佛大學成人發展研究（Harvard Study of Adult Development）已三十五年，他表示：「在主導這項研究的前三十年間，我發現，正向情緒與人類的心理健康密切相關。而過去十年來，我了解到，正向情緒與一般人所謂的靈性密不可分。」

要尋得天命，你必須時時保有正向情緒，因為它可以傳達並發揮你的靈性能量。要發現這些情緒的根源以及尋得天命，其中一個方法是進行覺知練習。這個練習所需要運用的原則與技巧，與我在第一章提到的靜坐方法相同。

正向心理學（Positive Psychology）致力於倡導與正向情緒連結的重要性，其中一個目標是提升覺知力。它希望人們能夠讓心靈暫時跳脫日常的嘈雜與紛擾，放下沒完沒了的瑣事，以及經常驅動這些工作的煩憂，進入一個更深的層次，覺知自己存在的意義。

蘇珊・史莫里（Susan Smalley）與戴安娜・溫斯頓（Diana Winston）在《活在當下：覺知與科學、藝術和練習》（*Fully Present: The Science, Art and Practice of Mindfulness*）一書中提出：「學習過著覺知的生活，所指的並不是活在一個完美的世界裡，而是在兼具喜悅與挑戰的世界裡過著豐富滿足的人生。覺知雖然無法保證你可以一生平順，但它可以改變你的人生經驗——包括失業、離婚、為家庭或學業煩惱、婚姻以及生老病死——對你產生的影響，以及你如何解讀這些經驗……。換句話說，覺知可以改變你與人生的關係。」

有許多證據顯示，覺知可以促成許多好處，它可以幫助你：

- 減少壓力
- 減少身體上的長期病痛
- 提升身體的免疫系統功能
- 因應重大事件帶來的痛苦，包括喪失至親或是重大疾病
- 處理負面情緒
- 提高自覺能力，隨時察覺有害的思考模式
- 提升專注力
- 強化正向情緒，包括幸福感與同理心
- 改善人際關係與技巧
- 減少成癮行為
- 提升在工作、運動或學業方面的表現
- 活化並釋放創造力
- 改變大腦結構

你需要遵循許多古老的靜坐原則，以開發你的覺知力。這項練習本身可以帶來許多好處。它可以幫助你與你的靈性力量以及正向情緒連結，也可以藉此幫助你尋得天命。

常見問題

現在，我要開始回答本章開頭列出與熱情有關的常見問題。

●假如我沒有任何熱情，那該怎麼辦？

有許多人不知道自己的熱情何在，但沒有熱情的人，可以說是幾乎不存在。有些人能夠感受到的感覺比一般人少。具有反社會人格的人與精神病患者，可能缺乏一般人會有的某些情緒，尤其是對他人的同理心。還有一群人，他們因為受過創傷或是罹患憂鬱症，而無法感受正向的情緒。然而，沒有機會發揮熱情、或是沒有意識到自己的熱情所在，和沒有熱情是截然不同的兩回事。

波士頓愛樂管弦樂團（Boston Philharmonic）的指揮班傑明・詹德（Benjamin Zander）對於自認為是音痴的人，也有類似的看法：「這世上有多得不得了的人認為自己是音痴。至少，我聽到很多人說，『我老公是個音痴！』其實，你不可能是個音痴；沒有人是真的音痴。假如你是個音痴……你不可能分辨得出這個人是從德州還是羅馬來的。假如你的母親打電話給你，對你說一聲『哈囉』。你不僅知道是你媽媽打來的，而且知道她那天的心情好不好。每個人的聽力其實都好得不得了。」

有趣的是，詹德也說：「每個人都喜歡古典樂，只不過有很多人還沒有發現而已。」我認為，你的許多潛在熱情也是如此。重點在於，你要不斷發掘尋找。

●假如我所熱愛的事物我卻不擅長，那該怎麼辦？

不論你有哪些天賦，決定成敗的關鍵是熱情，而不是天賦。天賦很重要，但熱情往往更為重要。我在彈奏鋼琴或吉他上沒有太大的長進，是因為我對這些樂器沒有熱情。假如你熱愛從事某個活動，你會不斷努力練習，精進技巧。

如同你活在兩個世界一樣，你的動機也有兩種：外在與內在的動機。你可能因為外在世界的要求而做某件事——因為做這件事可以讓你養家活口、解決現實生活中的某個問題，或是公司或學校要求你這麼做。你也可能因為強烈的內在動機而做某件事——為了做這件事所帶來的樂趣或成就感。當我們有強烈的內在動機時，就會將天賦發揮得淋漓盡致。

泰瑞莎・阿瑪畢爾（Teresa Amabile）是全球研究創造力最知名的學者之一。她確認了成就與熱情之間的密切關係。阿瑪畢爾表示：「當人們有熱情，全心投入、熱血沸騰、樂在其中時，他們會變得更有創造力。即使在從事活動的過程中，他們有時會覺得很辛苦，但是仍然會投入所有的心力。」

阿瑪畢爾說，假如你想要充分發揮自己的創造力，「你不該只看天分。你不應該只看到有些人比你有天分，就決定自己不適合從事某個領域的創造性工作。」

你確實需要某種程度的天分，來做你喜歡的事，但最重要的還是熱情。畢竟，就像阿瑪畢爾所說的，「有許多極有天分的人，一輩子也沒有成就任何事情。」

此外，你可能比你所想的還要有天分。你有可能為自己設定了過於嚴苛的標準，以致於低估了自己的天分。設定高標準是好事，只要這標準不會讓你因為自慚形穢而失去動力就好。假如你對繪畫有興趣，你應該拿起畫筆，動手就畫，而不需要拿自己的處女作，來和文藝復興時期繪畫大師的成熟作品相比較。

要專精於某項技藝，需要投入時間和精力。假如你走的是你喜歡的路，大部分的樂趣發生在整個過程當中。你應該從前輩的身上得到啟發，而不是因為看到自己與他們相距甚遠，而感到灰心。假如你做的是你熱愛的事，你應該享受這個不斷成長的過程，而不是由於需要不斷精進而備受挫折。

●假如我熱愛的事物在道德上具有爭議性，那該怎麼辦？

有時候有人會問我，假如他熱愛做的事惡名昭彰或是會造成傷害（例如縱火或虐待動物，或是你可以想到的其他例子），這樣可以嗎？當然不可以。請聽我說明理由。

我所談論的天命，都必須在可接受的道德範圍內。道德標準會隨著時代與文化的變遷而改變。我們必須自己想清楚，什麼是可以做、而什麼是不可以做的事。道德價值觀存在的目的，在於防止有人受到傷害，以及創造眾人可以自由和諧一起生活的地方。

在我的道德觀中，熱情的定義必須與同理心相關。假如你的天命涉及破壞他人的幸福、或是傷害他人，我就不贊同這個天命，而你也別期待別人會贊同你這麼做。當我們不只想到自己，同時還考慮到其他人的福祉時，我們得到的才是真正的幸福。我稍後會再探討這個主題。

●誰來做骯髒麻煩的瑣事？

我常聽到有人說，「尋找天命是很好，但是誰來收垃圾、當生產線的作業員、掃廁所？」我可以給你兩個答案。第一個答案是，大家的興趣天差地別，你不該用自己的價值觀來評斷別人熱愛的事物。

當我在明尼亞波里斯（Minneapolis）舉辦簽書會時，有一位四十多歲的男讀者告訴我，他的母親當辦公室清潔工當了二十多年，而且她熱愛這份工作。她的工作時間是在晚間，而她每天都非常期待上工。她喜歡打掃環境的過程，當她完成工作時，看到所有的東西都乾淨整齊，物歸原位，心頭會浮現無限的滿足感。除此之外，在一天當中，那是她唯一可以獨處的時間，在這段時間裡，她不需要考慮家人和家庭的事，她可以只想自己的事。

當然，還是有人做的是他們不愛的工作。請回想一下許瓦茲博士曾經提到的，對工作不滿意的人數比例。要所有人靠自己熱愛做的事來養家活口，似乎不太可能。假如你不喜歡自己從事的工作，你就更需要在工作之餘，從事一些你可以發揮熱情、得到滿足的活動。雖然並不是每個人都可以靠著天命發財致富，但是每個人都有權利遵循自己的天命，創造豐富的人生。

●我怎麼判斷自己是否已經尋得天命？

尋得天命的感覺有點像是戀愛。要出版《讓天賦自由》時，我原本屬意的書名是「頓悟」（Epiphany）。頓悟就是突然領悟——出其不意、得到天啟的一刻。我喜歡這個書名，因為那本書的主題在於找到自己的真心以及在自己一生中產生的影響。「頓悟」這個詞似乎抓住了「扭轉」的精神。但是，我們後來基於兩個理由改了書名。第一個理由是，「頓悟」這個詞帶有宗教意涵。雖然我的論點也涵蓋了靈性的層面，但與宗教無關。而另一個理由更為重要。

對有些人來說，尋得天命就像一見鍾情的感覺。幾年前，我接受美國中西大學聯盟（American Midwest）的邀請，在一場大型教育會議上演講，這場演講在某個賭場的宴會廳舉辦。（我也不知道為什麼。）我談到了有些人會一眼就愛上某種事物。在演講後的提問時間，有一個六十五歲上下的男子舉手說，他經歷過這樣的事。

當他二十歲出頭時，他計畫要當個工程師。他有一位朋友的父親經營了一家餐廳，有一天，他和這個朋友相約晚上出去玩，他們先約在這家餐廳碰面。他的朋友要他直接穿過餐廳的廚房，到建築的後面與他會合。他這輩子從來沒有進過餐廳的廚房。當他踏入廚房時，整個人立刻被眼前的景象震攝住了——器具的碰撞聲、烈火熊熊的爐台、各種氣味、工作人員沒停的咒罵聲，而最令他震撼的，是所有人都專注於食物上。他當時立刻就決定，他要過這樣的人生。於是，他開始接受訓練，成為一位主廚，後來還開了連鎖餐廳。

我見到他的時候，他已經快樂地投身於餐飲業超過四十年。如果是其他人，可能會快閃過廚房，逃之夭夭。俗話說得好：怕熱就別進廚房。

我曾經問過一位廣播電台主持人，他是怎麼開始進入這個行業的。他的經驗和上述那位廚師很類似。九年級時，他和班上的同學參加校外教學活動，到一家當地的廣播電台參觀。其他的人只覺得有趣，但他卻覺得非常神奇。他一走進錄音室，就對這個地方著了迷，而且立刻知道這就是他這輩子想做的事。

對這些人而言，天命是頓悟來的。然而，並不是所有人都經歷過這種「撥雲見日」的經驗。有些人與天命的關係是愛情長跑。

我是在芝加哥認識瑪莎的。她當時四十歲出頭，她告訴我，《讓天賦自由》讓她一讀再讀，愛不釋手。當她還在學校唸書時，她有閱讀障礙。有一位老師發現這個問題，向她推薦了幾本書。慢慢地，瑪莎開始愛上閱讀，而且有愈來愈多時間待在圖書館裡。一段時間後，她開始夢想自己將來在學校當圖書館員。現在，她已是個圖書館員，而且每天樂在工作中。

她說，她真正的工作並不是整理圖書，而是帶領孩子去接觸她覺得孩子們會喜歡的書。她不敢相信自己竟如此幸運，可以做她自認為世界上最棒的工作。她每天都待在書堆裡，並且啟發孩子愛上閱讀、愛上書。她對自己以及自己的人生感到非常滿意。

當你在追尋天命時，你可能會接觸到自己從未做過的事，然後突然頓悟。同樣的，你也可能有一天發現，長久以來，你其實一直都在做自己熱愛的事，只不過你沒有意識到而已。這就像是愛上了一個老朋友一樣，發現自己最愛的其實是一直被自己視為理所當然的事物，當然也是一種頓悟。

我的老婆泰芮就有這樣的經驗。她最近剛出版了她的第一本小說《印度的夏天》（*India's Summer*）。她這輩子大部分的時間一直在寫東西，但她從來沒有把寫作當做主要的興趣或工作來投入。當她在做人生中各種「正事」之際，寫作一直陪伴在她左右。與她熟識的人早就看出她有寫作的天分，而且可能比她自己看得更清楚。後來，她終於開始專心寫作，並且立刻就愛上了這件事。以下是她的說法：

「我現在正處於人生中興奮無比的全新時刻。這是我第一次有具體的作品可以給別人看。我寫了一本小說，而且已經出版了。我從來不曾得到這麼多正面的肯定和這麼多人的祝賀，也從來不曾對自己的成就感到如此高興。而神奇的是，做這件事對我來說輕而易舉。」

「請為我起立鼓掌吧，這麼多年來，我教書、照顧家人、經營生意、建立家庭、照顧父母、支持我丈夫的事業。謝謝你，請再鼓一次掌吧，我每天打掃、煮飯、接送小孩到學校、處理一路以來遇到的各種危機。還有三十五年的婚姻和從未斷過的友誼。是的，我的家人和朋友珍惜我、愛我；是的，我知道我已經盡了全力，而且擁有豐富精采的人生。我每天得到的愛，就是我的付出最大的回報。即便如此，當我想到自己已經完成一本小說時，一股興奮激動的感覺流遍了我的全身。」

「寫一本小說是我這輩子做過最令我感到滿足、收穫豐富與欣喜的事。它讓我進入了一個我自己的創作世界，在這個世界裡，我可以主宰一切。當書中人物踏上冒險的旅程時，我也陪著他一同出發，對於未知的未來深感好奇。我發現唯一限制我的，是我自己。我獨自待在自己的想像世界裡，樂在其中，沒有罪惡感來打擾我，也不用擔心這本小說能不能賣錢、能不能被出版、或是會不會失敗。這本小說是在我人生中最忙、壓力最大的時期寫成的，我一得空就寫一點。我把平常一個人逛街、看書或是做其他事情的放鬆時間，拿來寫作。」

「當我寫得愈多，愈是感覺到文思泉湧。我可以聽見自己的『聲音』愈來愈強。寫到某個階段時，我想讓別人看看我寫的東西。結果，我的朋友也一頭栽進了我創造的幻想世界裡，這令我興奮無比。於是，我對自己寫的東西更有信心，也對自己變得更有信心了。」

「當我開始寫的時候，我並不知道終點會在哪裡。我到現在還是不知道。我只知道，當我全心投入寫作之後，這部小說就開始有了自己的生命。我曾以為，我最需要的是更多的寫作時間。而我現在知道，當我需要時，時間會自己跑出來。」

「我現在正著手寫《印度的夏天》續集。有一個聲音告訴我，我的主角還有故事要說。」

尋得天命的過程，有時候是一瞬間的頓悟，有時候是慢慢領悟出來的。而結果都相同：你全心投入某件事，從中得到滿足感，並且找到人生的目標；這個前所未有的經驗，讓你的人生徹頭徹尾地改變了。

順帶一提，把書名從Epiphany改為The Element，一點也不是妙招。我在二〇〇六年的TED論壇演講時，曾經提到我正在寫一本名為Epiphany的書。那場演講的短片後來在全世界被數百萬人點閱過。結果讓一本名為Epiphany的書（這書跟我一點關係也沒有）大賣。這其中的某處存有讓人警惕的教訓。

選擇你的路

以某種幾近實體的方式，尋找與探索自己心中的熱情，會帶你走上一條不同以往的道路，雖然這條道路並非毫無困難或艱辛，但似乎比較好走。坎貝爾創造了一個短語「追隨內心的至樂」（follow your bliss），他的靈感來自梵文ananda，對他而言，這個字掌握了躍向超然的精髓。在與比爾・莫耶斯（Bill Moyers）的著名對談中（後來衍生出《神話的力量》〔*The Power of Myth*〕這本書和公共電視系列影片），坎貝爾解釋了這個短語的意涵。他說，假如你追隨你內心的至樂，「你就走上了一條早已在那裡等著你的路，而且開始過著你本該擁有的生活。當你意識到這點後，你就會開始遇見和你屬於同一個領域的人，而且他們會為你開啟許多扇門。我想給你的建議是，追隨你內心的喜悅，不要怕，在你意想不到的時候，人生會為你敞開機會的大門。」

我曾多次看過這種情形：當你追隨真正感召你的目標時，意料之外的機會大門就會為你而開。你會開始認識愈來愈多與你志同道合的人，而你們會一起創造更高境界的能量。當你進入這些人的圈子後，你就有更多的機會可以更上一層樓——開啟坎貝爾所謂的機會大門。坎貝爾把這種情況比喻為受到「無形之手的幫助」。此話絕對帶有靈性意涵，每個人可以用任何方式依照自己的信念解讀這個說法。然而，不論你怎麼看，有一件事是顯而易見的：追隨你內心的喜悅、或是探索你心中的熱情——保羅・科爾賀（Paulo Coelho）稱之為「個人傳奇」——會讓這個世界對你變得更豐富精采，也讓你活得更加淋漓盡致。

歸根究柢，在追尋熱情的過程中，你有兩個最重要的問題要問問你自己：你愛的是什麼？它的哪個部分讓你愛上它？現在讓我們回到本章一開始的練習。

練習八：是什麼吸引了你？

- 請看一下你在練習七中區分出來的三類活動。
- 你可以試著把你樂在其中的活動，按照你對它們的喜愛程度排序嗎？（例如，排出前五名或前十名）
- 針對這三類活動，請你想想你喜歡或不喜歡的部分是什麼？你的經驗是什麼？是在什麼樣的情境下經歷的？
- 請看一下你樂在其中的活動。你喜歡這些活動的哪些部分？你能否想像，把這些部分應用到你沒有嘗試過的其他方法或情境中，會是什麼情況？
- 你能否想像，你可以用你喜愛的方式，來從事你不喜歡的活動？

這些問題很簡單，但要得到答案卻不容易。儘管如此，假如你能真正找出哪些事物總是能帶給你喜悅，你就能清楚知道自己的熱情何在了。假如你還能夠明確指出自己最愛的是這些事物中的哪個部分，你就更上一層樓了。

在進入下一章之前，請想想以下幾個問題：

- 哪一類的活動可以讓你感到精神振奮、活力充沛？
- 從事哪些活動可以讓你忘了時間的存在？
- 你是否有過頓悟的經驗？
- 你頓悟到了什麼？你之後又做了什麼？
- 有哪些活動是你一直都很喜歡、但從來不曾專心去做？
- 導致這個情況的原因是什麼？
- 你在什麼時刻，會覺得你最忠於自己的靈魂？

第五章

什麼令你快樂？

尋找天命的終極目標，
在於找到人生的意義與使命。
發現天賦讓人感到真實而深層的快樂，
而快樂與意義的結合，
會讓人感到更幸福。

你現在快樂嗎？發現天賦會讓你更快樂嗎？本章將會檢視快樂到底是什麼、要怎麼做才能得到快樂，以及發現天賦為何是得到快樂的基礎。

假如你隨便問任何一個人一生中最想要什麼，我敢說，大多數的人會回答「快樂」。不論是在哪個國家、哪個文化，這個問題的答案都相同。

人們可能告訴你的是其他的東西，例如事業成功、身體健康、戀愛順利、賺更多錢、建立家庭等等。但是這些答案的假設是，擁有這些東西之後，人就會變得更快樂。當然，有些人生性悲觀，而且總是說，他們對快樂一點興趣也沒有。但是我不相信這種說法，就像我不相信自稱沒有熱情或音痴的說法一樣。

有些人可能在人生的某個階段，會覺得快樂是遙不可及的妄想。他們可能罹患了憂鬱症、痛失至親，或是正在經歷某種痛苦。但是在大多時候，大多數人都想要追求快樂。那麼，尋得天命為何會帶給你快樂，而你又可以做些什麼來加以實現？

練習九：你快樂嗎？

在我們探討快樂的本質之前，請你先思考一下，你對快樂的定義是什麼，以及你現在的快樂指數有多高。請你依照下列方法繪製心智圖：

- 在一大張紙的中間寫下「快樂」二字，畫一個圓圈把這個名詞圈起來。
- 把你覺得與快樂有關的所有事物都寫下來。
- 用不同顏色的筆從中心圓畫放射線，沿著每條線寫下一個與快樂有關的概念。例如，假如你覺得快樂與財富有關，就畫一條線，在旁邊寫上「財富」，以此類推。
- 再從每一條主線畫出分支線，寫出由每個主要概念延伸出來的其他概念。假如你覺得人際關係與快樂有關，那麼就從「人際關係」這個概念再分出「好友」、「建立家庭」等支線，以此類推。
- 把你想到的東西盡量寫出來。然後看一下整張圖，問問自己，你在你列出的這些方面表現如何。你可以用「做得非常好」、「普通」、「做得不太好」等字作註記，或是用你自己想到的其他評語，或者是用顏色來代替文字作標示。
- 最後，把自己的現況和五年、十年、二十年前的自己作比較——當然，這要看你現在的年齡而定。

你是否在某些方面比較快樂、在其他方面比較不快樂？和人生的其他階段相較，你現在比較快樂，還是比較不快樂？在做這些評估之際，你心目中的快樂，到底是什麼？你覺得要怎麼做，才能讓自己變得更快樂？

不快樂的事實

雖然大多數人表示，他們希望得到快樂，但卻有愈來愈多證據顯示，絕大多數的人過得其實並不快樂。矛盾的是，整體而言，和二、三十年前相較，人們現在似乎比較不快樂，儘管這些年來，人們的生活變得愈來愈富足。

丹・貝克（Dan Baker）針對來自各種背景的成人進行長期研究，並在二〇〇三年出版了《快樂的人知道的事》（*What Happy People Know*）。貝克在書中探討了導致人們快樂與不快樂的原因。

他表示，真正的快樂其實相當少見。「有更多人認為，除了自己之外，其他的人都相當快樂。而事實上，快樂……在現代的美國比早期比較不富裕的年代更加難尋。即使現代人的物質生活富足了許多，但美國的整體幸福感卻呈現下滑趨勢……我們得到的東西愈多，心靈就變得愈空虛。」

現代人過得不快樂的事實，可以從幾方面看出，包括對工作或學業提不起勁、罹患憂鬱症，以及酒精與藥物成癮的人數不斷提高，最令人遺憾的是，自殺人數不斷攀升。一方面，有一大堆人長期對工作或學業意興闌珊，因為他們從中找不到意義和成就感。另一方面，為了尋求刺激或麻痺自己，對菸酒或毒品藥物嚴重成癮的人數高得嚇人。

有一項研究指出，幾乎有半數的美國成人覺得生活索然無味，而且對周遭的世界沒有太高的參與感與生產力貢獻。從歐洲到亞洲，全球其他國家與地區的情況也相去不遠，這種消極疏離的情況所造成的個人、社會與經濟成本非常高。知名心理學家兼作家桑妮亞・柳波莫斯基（Sonia Lyubomirsky）指出，這種欠缺投入的情況，有助於說明「大家都想要變得更快樂，不只是罹患臨床憂鬱症的人，而是廣大的民眾，包括自覺活得不夠快樂、不夠精采的人，以及現況已經不錯，但還要更多——喜樂、人生意義、更令人振奮的人際關係與工作——的人在內。」

憂鬱症的問題愈來愈嚴重。舉例來說，在英國，過去四年來，抗憂鬱藥物的處方數量已提高超過40％。不只是英國有這種情況。世界衛生組織（World Health Organization）也預測，到二〇二〇年，憂鬱症將會成為全世界第二大主要死亡原因，這意味著全世界有30％的成人必須籠罩在憂鬱症的陰影之下。

許多專家認為，憂鬱症已然成為流行病的一種。有些專家估計，「與一個世紀前相比，人們罹患臨床憂鬱症的病例暴增了十倍」。

在憂鬱症患者當中，有為數眾多的人會企圖自殺。過去三十年來，自殺人數不斷攀升，尤其是十五到二十五歲的年輕族群。而試圖自殺的人數更是真正自殺死亡人數的二十倍之多。

人們憂鬱疏離的原因有千百種，每個人各有自己的原因。不過，大環境的趨勢也是因素之一。在媒體持續的推波助瀾之下，人們對物質享受和生活水準產生高度的期望。二〇〇八年的經濟大衰退，在全球導致了普遍的經濟不安全感，同時也動搖了人們的自信心。

此外，家庭與社群生活的巨大改變，以及社會對個人成就的過度強調，這種種因素都可能導致人們產生不安全感和風險意識。諷刺的是，所謂的社交媒體也可能是壓力來源之一。雖然有許多人因為社交媒體而與更多人連結，但有許多年輕人覺得，當自己有需要時，真正可以談心和作伴的朋友卻變少了。

除此之外，導致如此多人感到不快樂的最根本原因之一是，大家都誤解了快樂本身的定義。

找錯地方了嗎？

人們對於快樂有許多錯誤的觀念；他們對快樂設定了太多「只要……」的條件。「只要我中了樂透彩；只要我有了大房子；只要我結了婚；只要我離了婚；只要我有了小孩；只要我沒有小孩；只要我的身材變得更好；只要我身體的某些部分變得更完美；只要我擁有更完美的臉蛋；只要我得到另一份工作，我就會得到快樂。」我的意思並不是說，上述這些東西無法令你快樂。我自己也有一張清單，假如其中某些項目實現了，我一定會非常開心。然而，我們對快樂的想像往往是幻想，而不是願景。

許多人認為賺更多錢可以讓他們變快樂。我一九七二年在倫敦唸研究所，每年靠三千英鎊的獎學金過活。比起我在大學的生活花費，這是一大筆錢。（這個金額在二〇一三年大約相當於兩萬美元。）結果，這筆錢還是不夠用，我有一張支票被退了票。所幸，我遇到了一個很好的銀行經理帕明特（Parminter）先生。如果沒有他，就沒有今天的我。我接下來的一份工作年收入是四千八百英鎊，是原來的一倍半。於是，我跑去找帕明特先生，告訴他，我再也不會有跳票的問題。他說他很懷疑我的說法，並且告訴我一句銀行界的格言：「收入增加，花費也會跟著提高。」當然，他的話一點也不假。大多數人心目中的理想收入，永遠高於他們實際上的收入。就像彩虹的盡頭一樣，理想的收入數字似乎永遠在我們的前方，向我們招手。

當然，錢的確很重要。假如你的收入不足以支付生活的基本開銷，你很可能會過著愁雲慘霧的日子。然而，相反的假設——擁有很多錢，人就會變快樂——卻不一定成立。美國是到目前為止世界上最富裕的國家，但卻也是人民最不快樂的國家之一。從一九七三年到二〇〇二年的三十年間，英國的國內生產毛額（GDP）成長了80%。而在同一段時期，人民的生活滿意度卻直線下滑。

有許多我們假設可以永遠讓我們幸福快樂的東西，其實只能帶給我們短暫的快樂。心理學家丹・吉伯特（Dan Gilbert）在他的著作《快樂為什麼不幸福？》（*Stumbling on Happiness*）中指出：「我們都以為，錢可以為我們帶來長久的幸福，但事實上，錢只能帶來短暫的小小快樂。」貝克也認同這種說法：「『金錢可以帶來快樂』這樣的迷思，是快樂陷阱之一。」他針對七百九十二位財力雄厚的成人進行研究，發現「有超過半數的人表示，財富並沒有帶給他們更多的快樂。在資產超過一千萬美元的富豪當中，有一半的人表示，錢帶來的問題，比它解決的問題還要多。」

對許多人而言，休閒玩樂、輕鬆度日的人生，似乎是通往永久幸福的康莊大道。然而，這種看法完全經不起驗證。有些人在職場是一尾活龍，但在退休後，生活中就只有無聊與鬱結。對於那些有錢有閒的人來說，只有「休閒」的人生，通常也意味著百無聊賴的一生。

短暫的享樂與發自內心的快樂，兩者之間差異很大。讓你暫時感到快樂的各種經驗：吃美食、品嘗極品巧克力、跑趴、讀好書、聽喜愛的音樂、看到自己熱愛的棒球隊贏得比賽，或是與戀人共度親密美好的夜晚等等。你可以製作自己的清單。然而，當狂歡的荷爾蒙消退，第二天早晨來臨時，你的內心深處還是會感到空虛，如同你在開派對之前的感覺一樣。

你可以擁有一時的快樂，但長久的快樂取決於擁有更深一層的滿足感。那麼，長久的快樂到底是什麼？而歸屬於天命又是如何為你創造永久的快樂？

找到使命感

雅思敏・赫萊爾（Yasmin Helal）是職業籃球員，在開羅是個響噹噹的人物。她在埃及國家代表隊裡待了將近十年，此外，她也是優秀的生物醫學工程師。雅思敏擅長許多事物，而且都樂在其中。不過，她一直沒有找到真正讓她快樂的事物。直到有一天，她在節慶結束後開車回家，路上有幾個乞丐來到她的車前。

「我書讀得很好，工作也非常順利，」她對我說。「一切都很酷，直到有一天，我在街上遇到了三個向我要錢的孩子。還好，我在車子裡找到了一些原本打算捐給別人的錢，於是就把那些錢給了那幾個孩子。但是他們還要更多，於是我告訴他們，我身上已經沒有錢了，假如他們隔天再來，我可以給他們更多錢。當時我的心中有一股罪惡感，因為我和他們住在同一個城市中，但是我完全不知道他們需要什麼，而一些小錢就可以改善他們的生活。同時，我的心中也充滿感恩，因為我覺得自己非常幸運，能夠接受好的教育、有自己的房子、雙親健在等等。」

雅思敏一直和那些弱勢族群居住在同一個城市裡，但是在那一刻之前，她一直在追求人生中的其他目標，以致於沒有看見其他窮苦人家的生活。就在最近，她讀了約翰・伍德（John Wood）的《一個創業家的意外人生——離開微軟，教育兒童，改變世界！》（*Leaving Microsoft to Change the World*），這本書是關於一個科技新貴辭去了高薪工作，創立一個基金會，在赤貧國家設立學校和圖書館。當她次日回到街上給那些孩子更多錢時（可能把他們嚇了一大跳），她不僅履行了諾言，同時得到了人生的啟發。

「我決定開始贊助弱勢孩童上學計畫。在接下來的四個月，我到附近的貧困地區，試著去了解當地居民的需求。我到公立學校去，了解他們需要多少錢。最後，我提出這項助學計畫。後來，我聽說出現了新的問題。原來，這些孩子開始上學時已經八、九歲了，但是他們還不識字。於是，學校必須另外付錢給老師，為這些孩子進行課後輔導。那時，我找到了三位極具善心的贊助人。我們成立了一個基金會，擴大我的計畫規模，並且讓這個計畫能夠持久運作。我們發現，可以用其他的做法來達成相同的目的。我們設計了一個與課後輔導同時並進的品格教育計畫，致力於發展創意藝術，並且讓這些孩子接觸外面的世界，讓他們了解自己所居住的國家，從而為自己的土地和先人感到自豪。」

「我必須確定經費的運用正確。我不想給他們錢，我寧可負擔他們的學費、制服和其他費用，然後讓他們回到社會。」

雅思敏發現，她的圈子裡沒有幾個人了解，做這件事對她而言為何如此重要。「大部分人認為，需要幫助的孩子實在太多了，我一定做不出什麼成績。人們不懂我為什麼要這麼做。他們覺得，假如我想回饋社會，到非營利組織當個義工、或是捐一點錢就好了。到目前為止，我唯一得到的贊助是金錢，沒有人願意出面幫我執行這個計畫。」

雅思敏得到的協助都來自外界，但這並未澆熄她勇往直前的熱情，因為她心中的使命感帶給她前所未有的快樂。

「我一開始進行這項計畫，就找到了新的人生目標。我決定要辭掉工程師的工作。這實在太神奇了。在進行計畫的三個月後，我就決定要辭職。公司要我多留一個月，我答應了。但是我人在心不在。從那時開始，我就下定決心，再也不做與幫助別人成長無關的事情了。」

在另外三位社會企業家的協助之下，雅思敏的任務演變成非營利組織「塔里達基金會（NGO The Taleeda Foundation）。這個基金會推動的第一項計畫是「教育我」（Educate-

Me），其主旨為「透過教育、價值觀建立與品格培養，讓弱勢孩童可以追求自己的夢想」。這是艱鉅的任務和硬仗，尤其是對埃及這樣一個正在歷經改變的國家。然而，雅思敏堅持不懈，而且最後成功了，因為她從中得到了快樂。

雅思敏的故事點出了一個重要的原則：假如你的天命能夠帶給你使命感，那麼歸屬於天命後，你就會得到源源不絕的力量。找到使命感可以為你帶來恆久的快樂。

快樂是什麼？

快樂與物質狀態無關，而是一種心靈狀態；它是一種幸福的內在感受。柳波莫斯基是這麼說的：「快樂是一種喜悅、滿足與幸福的經驗感受，它讓人感到人生是美好而且有價值的。」真正的快樂與短暫的幸運感截然不同。根據安德魯・威爾（Andrew Weil）博士的說法：「因為打賭贏了別人或是突然來臨的好運氣所得到的快樂，是非常短暫的，並無法改變我們情緒容易上下波動的習性。此外，我們都知道，人的運氣時好時壞。假如我們任由運氣主宰我們的心情，我們的情緒必定會不時上下振盪起伏。」威爾認為，情緒健康與身體健康同等重要，我們需要製造一些條件，透過自己能夠控制的情境來得到快樂。「快樂從我們內心自然產生，」威爾表示，「向外尋求無異是緣木求魚。」

當威爾提到自己人生中真正的快樂時，他是這麼說的：「我深刻地了解到自己很好、正走在對的路上、做我該做的事……我很幸運，理應感到快樂，但是有一種更深層的感覺是：我真正做了自己，我擁有獨一無二的能力，可以在這個世界不斷向前進，面對任何挑戰。」換句話說，當他歸屬於天命時，他感受到了真正的快樂。

快樂也與正向情緒有關。正向情緒對我們整個人都有益，不論是在身體或心理方面。貝克是這麼說的：「歸根究柢，人類只有兩種主要的感覺：恐懼與愛。恐懼使我們得以生存，而愛讓我們成長茁壯……正向情緒可以促使我們的身體產生多巴胺，這對我們的身體——尤其是我們的心血管系統——非常有益。而壓力與焦慮則會產生相反的效果。」

在尋找天命的過程中，有一件非常重要的事是你可以做的，那就是仔細留意自己的情緒狀態。有沒有哪一件事，是你每次做都會覺得心情雀躍不已？在什麼樣的時刻，你可以感受到真正的喜悅？還記得嗎？許瓦茲幫助客戶釐清自身興趣的主要方法之一，就是請他們想想，做哪些事最能得到樂趣。假如你想要知道自己命中注定要做的事，找出自己喜愛的事物是一大關鍵。

快樂的意涵

人們常有一個迷思，以為要一直處於興高采烈的狀態，才是快樂。馬汀・塞利格曼（Martin Seligman）素有「正向心理學之父」的封號，他在二〇〇三年出版了《真實的快樂》（*Authentic Happiness*）一書，並從此開始探討恆久的快樂以及得到這種快樂的原則與方法。塞利格曼為快樂界定出三個元素：正向情緒、神馳狀態與意義。正向情緒就是我們感受到的感覺。神馳是一種流動的狀態：「整個人與音樂合而為一，沉浸在這個活動中，時間靜止了，自我意識也消失了。」第三個元素是意義。「追求神馳狀態與追求樂趣，這過程通常是獨自一人完成的。而人類……渴望得到人生的意義與使命感。」尤其是「達成比小我更崇高的使命」。覺得自己所做之事是有意義的，並不能保證你一定會快樂，但除非你覺得自己所做的事有意義，否則你很難找到快樂。

也許，這世上再也沒有人能比維克多・弗蘭克（Viktor Frankl）更能體會尋找人生意義的價值了。這位頗富盛名的奧地利心理治療師，在三十多歲時曾被囚禁在納粹集中營超過兩年半。在那段期間，他經歷了最痛苦的遭遇——父母與妻子皆死於集中營——這個遭遇幾乎可以摧毀任何人的心志。他親眼目睹數百個與他有相同經歷的其他囚犯，在被納粹毒殺之前早已心死。弗蘭克最後存活了下來，主要是因為他沒有被徹底的絕望所擊倒。

弗蘭克在他的代表性著作《活出意義來》(*Man's Search for Meaning*)中，描述了他在集中營經驗到的恐懼，但他同時描述了自己如何超越這個經驗，並且對於人性、人類戰勝重大苦難和激發輝煌成就的理念，以及希望所具有的強大力量，產生高度敬意。

關於寫這本書的動機，他說，「我只是想要用具體的例子讓讀者知道，不論在任何情況下，即使是最悲慘的情況，人生都是有意義的……而我想，用集中營這種極端的例子來展現，應該比較能引起世人的關注。基於這個想法，我覺得我有責任把自己的經歷寫出來，我想，這本書對於傾向悲觀的人可能會有幫助。」

弗蘭克終於從集中營釋放出來時，創立了「意義治療法」(logotherapy)。這個心理治療的分支學派，其中心思想是：尋求意義是每個人生中的驅動力。弗蘭克寫道：「我們可以透過三種方法找到人生的意義：第一，創造某個作品或是從事某個活動；第二，經歷某件事或是遇見某個人；第三，我們面對無法避免的痛苦時所採取的態度。」意義治療法曾被用來治療憂鬱症、焦慮症、甚至是絕症患者。

不論你的處境如何，從許多方面看來，尋找天命的終極目標，在於找到人生的意義與使命。

如果你覺得自己追求的東西是有意義的，你的投入程度就會大不相同。假如你覺得自己正在做的事是真正有意義的事，它做起來會不會容易許多？時間會不會在不知不覺間很快就流逝？假如你覺得自己所做的事，對自己或是周遭的人都很重要，你就更可能樂在其中。

雅思敏熱愛打籃球和生物醫學工程師的工作，這兩件事都有可能成為她的天命，但最後的結果是，她選擇做另外一件截然不同的事。打從她決定要展開「教育我」計畫的那一刻起，她的腦子就再也裝不進其他的東西了。那是她人生中第一次相信，自己做的事是真的有意義。

她堅信自己命中注定要幫助弱勢族群，而她從事的「教育我」計畫，終於給了她那樣的出口。

快樂與幸福

當然，你有可能只在人生的某個面向是快樂的，而在其他的面向並不快樂。因此，我們必須從人生的整體來思考快樂的意涵。

在眾人殷切的期盼下，塞利格曼在二〇一一年出版了《真實的快樂》續篇——《邁向圓滿》（*Flourish*）。他在《邁向圓滿》中表示，他先前的論述太過局限，只聚焦於快樂的探討，也太狹隘了。他說：快樂應該被視為幸福的一部分，而幸福有五個可量測的元素。除了快樂三元素——正向情緒、神馳狀態與意義——他另外加了人際關係和成就感。塞利格曼說，正向心理學的主題應該是幸福，而不是快樂。

從二十世紀中期開始，蓋洛普機構的科學家就一直在研究構成幸福人生的要件。最近，他們與一群頂尖的經濟學家、心理學家以及其他領域的科學家一起進行跨文化的研究，在一百五十多個國家研究幸福的共通要素，從阿富汗到辛巴威都在研究範圍之內。

蓋洛普詢問人們關於健康、財富、人際關係、工作與社群等五方面的問題，同時隨機抽樣訪問一般民眾對幸福的看法，抽樣範圍涵蓋了全世界90%以上的人口。他們最後的結論是，幸福涵蓋了人生的五大面向。這五個面向不包括「個人看法之間的細微差異，但確實代表了對大多數人而言最重要的五大領域」。

- 職涯幸福感：每天都喜悅地度過或樂在工作
- 社交幸福感：與人建立緊密的關係，生活中充滿愛
- 財務幸福感：有效管理經濟狀況
- 健康幸福感：每天都以健康的身體與充沛的活力完成該做的事
- 社群幸福感：對自己居住的社區有參與感

蓋洛普得到的結論是，儘管有66%的人至少在某一個領域表現不錯，但只有7%的人

在五個領域面面俱到。湯姆・雷斯（Tom Rath）在《幸福的五大要素》（*Well-Being: The Five Essential Elements*）中指出：「假如我們在其中一個領域的表現差強人意（事實上大多數人都是如此），這會破壞我們的整體幸福感，並反映在我們的日常生活中。相反的，當我們強化某個領域的表現時，我們的生活就會過得更好，而且可以維持很久。我們唯有在五個領域都過得圓滿，才能算是活得淋漓盡致。」真實而深刻的快樂與幸福感，來自在這五大領域取得平衡與滿足。

蓋洛普的研究強調，歸屬於天命的整體幸福感，與你的職涯幸福感息息相關。雷斯說，關於幸福，也許我們該問問自己一個最根本的問題：「你喜歡自己每天所做的事嗎？」雷斯指出，就最根本的層面來說，每個人每天早上醒來，都需要有事可做，最好是有事情值得我們期待。然而，在蓋洛普的研究中，針對這個問題，僅有20%的人可以毫不遲疑地給予肯定的答案。

「你每一天所做的事會影響你對自己的看法，不論你是學生、家長、義工、退休人員或是從事傳統的職業。在平常的工作日，我們把大部分的清醒時間用來從事我們的職業或工作。人們初次見面，會問對方：「你從事哪個行業？」假如你的答案可以讓你感到滿足而且有意義，你很可能會有很高的職涯幸福感。」

假如你不常從事你喜歡的活動，不論你可不可以因為做這件事而賺取金錢，你在其他領域得到高幸福感的機率，就會大幅下降。職涯幸福感很高的人，在整體人生中感到快樂的可能性，是其他人的逾兩倍。

「請想像一下，你的人際關係很好，財務狀況穩定，而且身體健康，」雷斯說。「但是你不喜歡自己每天所做的工作。這往往意味著，你把大部分社交時間都花在為自己的爛工作擔心或抱怨。而這種情況會為你帶來壓力，間接對你的身體健康造成傷害。假如你的職涯幸福感很低，經年累月下來，它會讓你在其他領域的狀況日益惡化。」

你在這五大領域給自己打多少分？

在練習七中，你為自己擅長的活動進行了分類。現在，請你根據這分類，評估一下自己在五個領域的表現。

練習十：幸福的圓圈

- 請看一下幸福的五大領域，你想新增其他領域嗎？
- 拿一張白紙，在中央畫一個小圓，裡面寫上你的名字。然後從這個小圓圈畫五條（或更多條）線，每條線之間保持大約相同的距離：每條線代表不同的幸福領域。

- 把自己在每個領域的狀況想過一遍，你在每個領域給自己的評價是什麼？你會用什麼文字或圖像來表達自己現有的經驗或感受？把這些寫在五個圓圈裡。
- 針對每個圓圈裡的文字或圖像，進行幾段簡單的自由書寫。這些自由書寫的內容，令你想到哪些問題？

假設你不是在每個領域都給自己滿分——假如你得到的是滿分，那麼恭喜你，你可以出書了——你覺得該怎麼做，才能提高自己的整體幸福感？而這與發現天賦又有什麼關係？答案可能會讓人感到驚訝。

提升幸福感

在本書中，我們從生物遺傳、環境現況與你的行為等方面來檢視你的人生。柳波莫斯基在《幸福多了40％》（*The How of Happiness*）中也指出，有三個因素會影響你的幸福感：環境現況、天生性情與行為。此三者與你是否感到幸福息息相關。而其中某一項最重要。

●環境現況

在影響幸福感的所有因素中，我們的環境現況——健康、財富、社會地位等等——只占了10％的影響力。這個結論已經獲得許多科學研究的支持。舉例來說，「美國最富有的人，也就是年收入超過一千萬美元的人，他們的幸福感只比他們公司裡的辦公室職員和藍領員工高出一點點而已。」生活在貧窮艱困環境中的人，他們的幸福感與居住在富裕國家的人，並沒有太大的差異。我們曾說過，在物質條件之外，還有太多因素會決定我們能否幸福快樂。而其中一個重要的因素，就是我們的生物遺傳。

●生物遺傳

每個人感受快樂的能力有一部分與遺傳有關，由生物構造來決定。針對同卵雙胞胎與異卵雙胞胎的研究指出，我們全都從父親、母親或他們兩人遺傳了快樂的因子。「這是我們獲得快樂的基準線或潛力，即使歷經了重大挫敗或成功，我們最後都會回歸這個基準線，」柳波莫斯基如此表示。我很確定，你在自己以及親朋好友的人生中，已經見證過這個道理的真實性了。有些人生性活潑開朗，而有些人則總是活得很苦。他們的人生觀，往往與他們面對的狀況沒有太大的關係。

我父親在四十五歲時經歷了一場重大事故。他和我的母親一共生了七個孩子。在一九五〇年代晚期，利物浦陷入了經濟黑暗期，他因此失業好幾個月。後來，他在一家建設公司找到鋼架工的工作。在工作了幾個星期之後，某一天，一根巨大的木樑從天而降，導致他頸椎斷裂。他昏迷了好幾天，沒有人知道他能不能撐過去。後來，他存活了下來，但從此全身癱瘓，在接下來的十八年歲月，他只能在病床和輪椅上度過。

在意外發生之前，他是一個身材壯碩、個性和善、體貼關懷的人，而且辛辣風趣。在意外剛發生那段期間，我們全家人對未來充滿了不安。我的父親雖然再也不能行走或是使用雙手，但是他的個性與人生觀並沒有任何改變。有了母親給他的愛與支持，他仍然是一家之主，每每總是能帶給大家啟發、智慧與歡笑。

我知道他曾歷經人生的黑暗期。就在意外發生後的幾個月，他考慮過自殺，就和許多因為意外而全身癱瘓的人一樣。有些人確實自殺成功了，不過，全身癱瘓的他無法自己執行這個意願。經過了幾個月、幾年之後，他的心情逐漸回復到意外發生之前的狀態。在人生的最後十八年，他度過了愉快的人生，也豐富了我們的人生。

我父親能夠重拾原有的人生觀與開朗個性，有很大部分是因為我的母親。

我媽和我爸一樣，都是很棒的人。她有用不完的精力，對於周遭的人與世界充滿了無限的好奇心與熱情。她也來自包含七個孩子的家庭，有五個姊妹和一個兄弟。她出生於一九一九年的利物浦，當時第一次世界大戰才剛結束。她父親是一位劇場攝影師，在她很小的時候，就因為一場車禍而喪生。她母親在兩次世界大戰之間，茹苦含辛地把幾個孩子拉拔長大。在一九五〇和六〇年代，我在阿姨姑姑、叔叔舅舅和表兄弟姊妹這一大群人的陪伴下長大，這段記憶充滿了濃厚的親情與永不間斷的歡笑聲。

我媽對設計有獨到的眼光，喜歡看戲、看電影和跳舞，對流行時尚也非常有興趣。她喜歡親手做東西，會收集並裝飾娃娃屋和縮小版人物模型，也常用碎布製作布娃娃。有一段時期，家族裡的婚禮和慶祝會高潮，都是大家一起隨著〈百老匯女郎〉（Lullaby of Broadway）的音樂大跳踢踏舞。而我媽總是第一個下場跳舞的人。

不論周遭發生了什麼事，她總是向前看——下一個計畫、下一次活動、下一次旅行、下一次的家族聚會。同時，她必須在沒有任何家電用品的協助下，用微薄的收入，照顧全身癱瘓的丈夫，並且把七個年幼的孩子養大。此外，他們還要面對我得到的小兒痲痺症，以及每個大家庭都會面臨的各種問題與病痛。然而，就和我父親一樣，我母親也有不屈不撓的個性，以及對人生的無窮熱情。他們彼此相愛，而且常相左右。不論面對什麼難關，他們的個性讓他們保持了某種程度的樂觀。

那麼，你的幸福與快樂受個性影響的程度如何？研究指出，你在任何時刻的幸福指**數，可能最高有50%是受到個性的影響。**假如你無力改變的生物遺傳具有如此強大的影響力，而環境因素又不具有太大的影響力，那麼你還有機會變得比較快樂嗎？現在告訴你一個好消息：你還有很大的機會可以扭轉現況。不論你的天生個性與現有處境如何，你擁有比你想像更多的力量，可以提升自己的快樂和幸福感。

● 行為

有研究指出，你決定怎麼做以及你選擇怎麼想（換句話說，也就是你的行為），對於你的幸福指數具有40％的影響力。掌握幸福的關鍵不在於改變基因組成（不可能辦到）或是改變環境（有可能無法辦到），而在於改變你的「日常行為」。而尋找並歸屬於天命，是改變行為最大的關鍵。

法籍佛教修行僧馬修・李卡德（Matthieu Ricard）是一位知名作家，曾在威斯康辛大學麥迪遜分校研究快樂的本質，媒體圈還給了他「世上最快樂的人」的封號。他在《快樂學：如何培養人生中最重要的技巧》（*Happiness: A Guide to Developing Life's Most Important Skill*）一書中提到，人們往往將快樂與一些瑣碎的小事劃上等號。「例如，有一位法國女演員曾說：『對我來說，快樂就是吃一盤美味的義大利麵』；或是『在星空下雪中漫步』等等。我聽過許多關於快樂的定義，這些定義往往互相矛盾，而且非常籠統或膚淺。我從多位導師身上習得了分析反省的心，於是決定試圖釐清真正的快樂與受苦的意義與成因。」

李卡德表示，他發現，「雖然有些人生性比其他人更樂觀，他們的快樂仍然經不起考驗、也不夠完整。得到恆久的快樂，是一門技術，需要不斷努力訓練心靈並培養心性，包括內在的平靜、覺知力與大愛的精神。」

投射快樂

幾年前，葛瑞琴・魯賓（Gretchen Rubin）決心要讓自己變得更快樂，雖然她自認（同時向她丈夫保證）已經相當快樂了。她把這個過程記錄在《過得還不錯的一年：我的快樂生活提案》（*The Happiness Project*）一書中。這本書的副標題其實就勝過千言萬語：「我為何花一年的時間試著在早晨唱歌、清理衣櫃、正確吵架、閱讀亞里斯多德、幫自己找樂子」（Or, Why I spent a Year Trying to Sing in the Morning, Clean My Closets, Fight Right, Read Aristotle, and Generally Have More Fun）。她決定要在生活的不同領域增加快樂，包括婚姻、工作、玩樂與金錢等方面。她決定每個月針對一個主題，執行為期一年的快樂生活提案。

「現代的研究顯示，快樂的人比較無私、更有生產力、更樂意助人、更討人喜歡、更有創造力、更有彈性、對別人比較好奇、待人比較友善，而且身體比較健康，」魯賓說。「快樂的人往往是比較有益的朋友、同事與國民。我希望自己也是那種人。」魯賓在她的「快樂提案」網站上列出了四大真相，其中，第四個真相對我而言最有衝擊力：「除非你認為自己很快樂，否則你就不會快樂。推論：當你認為自己很快樂，你就會得到快樂。」

當上述諸位作家談到真實而深層的快樂時，他們其實是用自己的方式談論尋找天命這件事。這正是威爾所言「我知道我真正做了自己」，也是理查所謂的「不斷努力」的作用之一，更是魯賓的「幸福提案」核心部分、柳波莫斯基的「刻意作為」以及雷斯與塞利格曼眼中的「幸福」。

快樂與意義的結合，會讓你的人生變得比較像是玩樂、而不是工作。

不再只看見自己

快樂雖然是一種內心的狀態，但是當你開始關注別人的需求、不再只看見自己時，你得到的快樂會更多。迪恩・賽康（Dean Cycon）很小的時候就開始與弱勢族群站在同一邊。「我第一次對弱勢者產生認同，是受到職棒紐約大都會隊（New York Mets）成長史的啟發，」迪恩告訴我。「我十歲時，大都會隊剛成立，前十場球賽全都輸了。球隊裡全是老弱殘兵，他們無法力挽狂瀾，但仍然努力不懈。他們渴望達成目標的決心令我震撼，於是我開始對弱勢者的處境產生認同感。」

迪恩在童年時期時常為遭到霸凌的孩子挺身而出。即使他本身的身材並不高大，他覺得極有必要出手捍衛受到壓迫的人。在中學時，他就已經強烈意識到：假如你堅持到底，就可以創造公平正義。然而，他高中時期看到的一則電視新聞，將這個理念以最有意義的方式化身為具體行動。

「我在電視新聞中看到，詹森總統向全國人民宣布，美國將中止對北越的轟炸。就在那一刻，我意識到他這樣做的唯一理由，是因為有許多民眾上街抗議美國干預越南內戰的做法，而那群抗議民眾的帶頭者是一群人權律師，其中最有名的就是威廉·康斯勒（William Kunstler）。我當時告訴自己，『這就是我想做的事。』」

在大學時期，迪恩就特別關注北美洲原住民為了保有居住地與自身文化所作的抗爭。他後來成為律師。於是，在正職工作之餘，他把所有的時間都用來為美國原住民進行法律辯護，並從此聲名遠播。「大家口耳相傳，說有一位年輕律師願意幫助原住民對抗政府和大企業的壓迫。我開始接到來自美國、加拿大、甚至是海外的電話，並且和中南美洲的原住民合作。後來，我開始在大學演講，講述各地原住民所遭遇的問題，以及世界各地的森林有關的環保議題。」

其中一場演講是在羅德島大學（University of Rhode Island）舉辦，講題是關於巴西農民。演講結束後，有一位教授走上前來告訴迪恩，說他有一個朋友在普洛威頓斯（Providence）開了一家咖啡館。這位朋友從巴西進口咖啡豆，但是他知道種植咖啡的農民賺的錢非常少，生活其實非常困苦。這位教授的朋友想要幫助這些農民，但是他不知道該怎麼做。這位教授認為，如果迪恩能和他的朋友談一談，也許會有幫助。

「我發現，幫助這個人其實可以讓我的夢想更向前邁進一步。於是在一九九八年，我們成立了全世界第一個咖啡莊園合作的非營利組織「咖啡小孩」（Coffee Kids）。我的工作是造訪這些農莊，結識咖啡農，想辦法解決他們遇到的重大問題，包括水源、學校或是收入。另一個人負責拜訪世界各地的咖啡商，向他們募款。這個工作很棒，但是在幾年後，我發現有些事不太對勁。我們一心想要幫助咖啡農，但是那些咖啡商所做的事只是捐出幾千美元贊助而已。他們並沒有改變對咖啡農的壓榨行為，因此，農民的貧窮惡性循環並沒有被打破。另一方面，這些咖啡商卻向他們的顧客大肆宣傳，就好像他們真的參與改善世界一樣。我開始想像，假如有一家公司真的以高價向咖啡農收購咖啡豆，那會是什麼情況。」

此時，迪恩知道自己已經沒有興趣再繼續從事律師的工作。法律事務的日常工作大部分與他的志向沒有交集。同時，他知道自己需要做比「咖啡小孩」目標更遠大、更能伸張公平正義的事。他想著這些咖啡農的事，心中開始想像，「假如有一家公司開始關心咖啡莊園裡的重要大事，並且以良知責任感檢視目前咖啡商剝削咖啡農的普遍事實，那會怎麼樣？假如真正這麼做的話，公司有可能會獲利嗎？假如可行的話，我就創造了一個新的模式，那就是兼顧人情味的商人仍然可以獲利。於是，我在一九九三年創立了迪恩咖啡豆公司

（Dean's Beans）。」

十八年後的今天，迪恩咖啡仍然蓬勃發展，透過網路、零售商與咖啡館銷售公平交易咖啡豆。它與十四個國家的咖啡農直接進行公平交易。對迪恩而言，這是一份親力親為的工作。他草創公平交易制度，並且親自到世界各地推廣這個制度。

「假如我的膽子不夠大，就做不了這件事，因為我必須造訪一些可能構成生命危險、衛生條件不好、文化差異非常大的地區。我熱愛冒險、熱愛旅遊、熱愛不同的文化、熱愛探索新奇事物。因此，是的，我這麼做是為了追求公平正義，但同時也因為這和我的個性搭配得天衣無縫。我時常聽到人們對我說，『哇，我絕不可能到衣索匹亞（Ethiopia），住在那些農莊裡。』或是『我絕對不可能到巴布亞紐幾內亞（Papua New Guinea），在七千個人面前脫光衣服。』但這正是我最想做的事。歸根究柢，這關乎你有沒有辦法做的問題。我很佩服那些律師，他們能在法庭裡滔滔不絕地辯護，也能洋洋灑灑地寫法律訴狀，我就沒辦法；這是我離開法律界的原因。我在辦公室裡坐不住，也不會寫文書報告。」

迪恩的成功經營模式，證明了獲利與社會良知可以相容並進。現在，如果不是在蘇門答臘協助咖啡農取回原有土地，或是在祕魯開發零碳咖啡，迪恩會到處演講，將他的營運模式傳授給其他企業。他對我說：「我喜歡讓別人也愛上我最愛做的事，在這方面，我很有天分。」

與人合作、幫助他人成長茁壯、讓更多人提高公平交易的意識，這些事都能讓迪恩感到快樂。在一九六二年，十歲的他沒有能力幫助紐約大都會職棒隊，但在那之後，他為改變這個世界做了不少事。

就和迪恩一樣，魁格・柯柏格（Craig Kielburger）也擁有很強烈的使命感，而且這使命感驅使他做了一般小學階段的孩子幾乎不會想到要做的事。

一九九五年的某個早晨，柯柏格翻找《多倫多星報》（*Toronto Star*）的漫畫版，無意中看到了一則新聞的標題：「童工鬥士，十二歲男孩慘遭殺害」。新聞的內容是關於一個名叫伊格伯・馬西（Iqbal Masih）的巴基斯坦男孩，他在四歲時被賣到工廠成為奴工，後來他逃離工廠，致力於揭發其他童工的悲慘遭遇，並且為他們爭取人權。馬西的影響力與日俱增，最後不幸遭到殺害，當時年僅十二歲。

柯柏格被這個與自己同年齡小孩的故事深深打動，於是下定決心要深入了解人權議題。他甚至說服父母讓他跟隨一位加拿大維權人士一同到東南亞走訪。他親眼目睹了無數童工在惡劣的環境下工作，這個經驗改變了他的一生，同時在他的心中點燃了一個使命感。

回家後，他召集了一群七年級的同學，為全世界的兒童爭取人權。「我們並沒有大張旗鼓，」柯柏格如此形容自己的起步，「我們遞送請願書給政治界領袖和企業領導者。然後，我們有些人到學校、宗教和社區團體的集會中發表演講，結果引發了雪球效應。」

這群孩子在安大略的棘山學校（Thornhill）所創立的組織名為「解放兒童」（Free the Children），後來成為全世界最大的兒童互助組織。它在四十五個國家推動教育與社區發展計畫，其宗旨為：「使兒童免於貧困的恐懼。使兒童免於被剝削的恐懼。使兒童擺脫自己沒有能力改變世界的迷思。」

時至今日，有超過十萬名青少年參與「解放兒童」組織的活動。他們籌募款項，在開發中國家建造了數百所學校，在醫療救助上挹注了數百萬美元，並且推動多項計畫，使得這些國家的孩子免於成為童工與兒童士兵的命運。

在成立「解放兒童」組織的過程中，柯柏格曾經面臨許多挑戰，但是他的使命感讓他無法稍有鬆懈。柯柏格在一次訪問中表示：「雖然『解放兒童』成立的宗旨，在於終結兒童剝削與貧困兒童的存在。但是我們最大的挑戰，在於向世人證明，青少年並不是冷漠無情，而且有能力推動重大的改變。我們極力要讓全世界知道，青少年其實是有頭腦、創意與洞見的，我們擁有神奇的力量，能將絕望與挫敗化為積極的行動。這世上還有誰能比青少年更了解青少年的問題呢？」

對於自己第一次出國訪察的經驗，柯柏格受訪時表示：「我從東南亞回家的前一天晚上，我聽到多倫多一個談話性廣播節目主持人說，以我的年紀，我感興趣的應該是女孩、性和電玩遊戲，而不是童工問題。竟然有如此多人對『正常』孩子抱持這種定義，我太驚訝了。他們都過分低估兒童的精神力量與熱忱。事實上，我曾經遇到過一些毒販，他們對於小孩運送毒品的信心，遠高於一般美國與加拿大的家長對自己孩子的信任感。」

柯柏格不僅是自己理念的重要代言人，也是其他積極運動的指標性人物。他顯然非常明白，從事有意義的活動，對於個人的自我實現非常重要。他鼓勵青少年盡早投身於自己受到精神感召的領域，甚至想出了一套七個步驟的計畫，引導兒童展開本身的社會使命：

1. 找到你的熱情：選定一個議題
2. 對真實的狀況進行研究
3. 組成你的「夢幻團隊」
4. 召開圓桌武士會議
5. 設定你們的使命：設定你們的目標！
6. 採取行動！
7. 用你的熱情盡情舞動搖擺！

我想我們都可以證實，用熱情舞動搖擺的威力有多大。這雖然不是我會用的詞彙，但我找不到更好的說法。

歸屬於天命可以有效提升你的快樂與幸福感，但是它並不保證你會永遠快樂。尋得天命的人仍然會有不順遂的日子；他們也會有討人厭的朋友和同事，也要面對做什麼事似乎都不順利的時候，也需要努力掙扎才能度過睡眠不足、壓力太大的時期。不過，我仍然堅信兩件事。其一是，歸屬於天命可以大幅提高你得到快樂的機率。其二是，你做某件事時感覺自己樂在其中，這很可能意味著你所做的事正是你的天命。

請想想以下幾個問題：

- 與人生的其他階段相較，你現在的幸福感如何？
- 你在什麼時候覺得自己最快樂？
- 你是否覺得自己花最多時間做的事，是有意義的（不論是對你自己、還是別人而言）？
- 這意義可以帶給你滿足感嗎？什麼樣的滿足感？
- 你對成功的定義是什麼？
- 什麼樣的使命可以帶給你啟發？
- 你會把哪些項目放入你的「快樂提案」？

第六章

你的態度是什麼？

尋找天命不僅關乎天賦與熱情，還關乎態度。
你必須超越障礙，
全力以赴，有時不僅要改變自己的心態，
還要調整他人的態度。

要進入歸屬於天命的狀態，你必須要有破釜沉舟的決心。尋找天命不僅關乎天賦與熱情，還關乎態度。在第四章，我探討了正向情緒與天命之間的連結，而且說這與你是否快樂息息相關。在第五章，我指出了快樂與兩大因素有關：天生的性情與你實際的行為。在本章，我們將要檢視你的態度究竟是幫助、還是妨礙你尋得天命，以及你的態度與你的氣質、性情個性之間有什麼樣的關係。

我猜，你現在可能已經比較了解自己的天賦是什麼，也比較知道自己熱愛做的事情是什麼。假如我猜對了，那很好。假如我猜錯了，你也不用擔心。

這是一個過程，而不是考試。只要你堅持下去，你一定會愈來愈接近自己正在追尋的東西。一切都取決於你的重視程度與你所下的決心有多少。假如你已經知道自己的天賦是什麼，那麼你需要自信心與決心去追求它。假如你還不知道自己的天賦是什麼，那麼你需要堅信自己有權力去尋找它。

在這個過程中，你幾乎必然會遇到許多阻礙。有些阻礙來自外界。你可能會受到環境、文化、工作、失業、朋友家人的態度或是經濟壓力等因素的限制，我將會在下一章討論這個部分。

有些阻礙來自你自己。也許你習慣於現有的生活方式，而不想冒任何風險；也許你寧可選擇已知的現有生活（即使你並不喜歡），也不想改變現況，選擇前景不明的新生活；也許你受阻於自我懷疑與缺乏信念的心理狀態。要尋得天命，你必須問問自己，真正的阻礙究竟是什麼、來自何處？

你的杯子有多滿？

在《讓天賦自由》中，我曾引用莎翁在《哈姆雷特》（*Hamlet*）的台詞：「事情沒有好壞之分，是我們的想法將事情分為好壞兩種。」這真是一句至理名言。我曾說過，我們並不是直接看見這個世界或是自己的一切，而是透過我們的想法、感覺與價值觀來解讀一切。而這種種想法、感覺與價值觀，有些是我們從文化中學習得來的，有些來自生活中個別的人生經驗，有些來自我們的個性。正如某個人喜愛做的事可能是另一個人討厭做的事，我們全都透過不同的濾鏡來看這個世界。

在本書中，我盡量不把人作任何分類，以免你把那些類型套用在自己身上。每個人都非常複雜，而且會隨著時間和個人經驗而不斷改變。

在我們討論過的領域中——天賦、學習風格與熱情——沒有一個比性情與態度更為複雜。因此，你現在必須先做一點功課。

練習十一：你怎麼看事情？

在本章中，我將會提出個性、氣質、性情與態度等詞彙的慣用定義。我們也要檢視多種將人「分類」的方法。當你閱讀本章時：

- 請你問問自己，你是否認同這些理念，而這些理念是否適用於你。是否有哪些描述符合你的狀況？
- 當你回答上述問題時，拿一本筆記本，隨時記下符合和背離你世界觀的關鍵詞（不是句子）。
- 你是否在這兩類詞彙中看出一些模式或關聯？根據下列四種屬性，用不同顏色的筆將每個關鍵詞圈起來：
  - ◆ 正面
  - ◆ 負面
  - ◆ 驅使你向前
  - ◆ 阻礙你前進
- 看一下這張清單與裡面的顏色分類。你認為它是否足以代表你此刻對事情的看法？你是否看到了改變與發展的必要性和空間？讀完本章後，上網簡單搜尋一下「態度測驗」（attitude tests）。你會找到一大堆測驗。本書最後面的章節附記中，我列出了幾種讓你參考。挑幾個測驗試做看看，並比較一下結果。

越過障礙

有些人可以迅速而順利找到自己的天命，其他人則必須努力推翻他人、甚至是自己原有的看法，才能尋得天命。就以傑夫・林區（Jef Lynch）為例，從職務說明來看，他根本連面試都不應該去。通用汽車公司（General Motors）的雪佛蘭汽車事業部（Chevrolet Motor Division）要找一位廂型車訓練講師，這是傑夫夢寐以求的工作。但這份工作要求大學學歷，而傑夫從來沒有上過大學。還有，他需要買正式的西裝和鞋子來參加面試，而且還必須設法把雙手弄得乾淨整潔一些，根據他自己的說法，在雪佛蘭經銷商從事技師工作，讓他的雙手看起來像「動物的腳掌」一樣。簡言之，他得到這份工作的希望似乎並不高。

不過，傑夫還是被錄取了。他就和我的哥哥德瑞克一樣，對汽車充滿了熱情。「打從會走路以來，我就時常把任何拿得到的東西拆開，然後再組裝回去，」他這麼告訴我。另外，他擁有絕不妥協的個性，永遠要求自己把每一件事做到最好。而正是這種個性，讓身為面談官的通用汽車高階主管願意略過學歷的要求，破格錄用他。儘管如此，傑夫仍然必須面對在全新的工作環境這個現實情況。

「得到這份工作之後，我的人生就徹底改變了。報到後不到一個星期，我就必須飛到聖路易上課，學習怎麼當個雪佛蘭廂型車的訓練講師。在那之前，我從來沒搭過飛機，也從來不曾離開過家鄉。那個星期結束時，我對自己非常沒有信心，我很想把車子開回公司的停車場放著，然後走路回家。但是當我回到家時，我突然意識到，『哇，我辦到了。』沒有人知道我其實非常害怕。」

傑夫在那個職位上的表現非常傑出，但這並不表示他從此一帆風順。他接下來被晉升為維修處代表，新的難題正在前方等著他。「這份工作相當重要，因為我必須掌管每年數百萬美元的維修預算，同時協助維修廠做客戶服務。我不喜歡這種工作，因為當你變成管錢的人，每個人都想向你要錢，而且從來不告訴你實話。這完全不適合我。我有一個朋友在通用汽車的麻州戴德漢市（Dedham）訓練中心工作。我從小在戴德漢長大，每當我經過那裡，心裡總是非常好奇那是個什麼樣的地方。我告訴老闆，我很感激他為我所做的一切，但是我很不喜歡我現在的工作，我覺得我對訓練中心會比較有幫助。結果，他幫我弄到了面試的機會。」

傑夫面臨的另一個阻礙是他的年齡。他比訓練中心的其他講師年紀小很多，而一直以來，管理階層都認為講師的經驗很重要。即便如此，他們最後還是決定給傑夫一個機會。於是，傑夫成為當時訓練中心史上最年輕的講師，而且是唯一沒有大學學歷的人。「我有很大部分靠的是運氣和機會，」他如此對我說，不過，他馬上接了另一句更重要的話：「關鍵在於隨時注意機會是否正悄悄來臨，而不要視而不見。」

對傑夫而言，人生不斷在他的面前放了「停止」的路標，但他總是憑藉著義無反顧的決心衝過去。他的新職務要求他把工程師寫的工作流程，轉換成技工看得懂的說明——在日益電腦化的時代，這個要求有如學習中文一樣困難。然而，傑夫並沒有退卻，他運用他對汽車的深刻了解以及他在生產線的工作經驗，來解讀這個工作流程，而這是只有教學經驗的講師無法辦到的。

「我開始把許多資料拿來改寫，做成我自己的講義。於是大家開始使用這些講義，我也開始為訓練中心寫訓練手冊。我想，大概是因為他們覺得與其和我爭論，不如採用我的方法，這樣大家都比較省事。後來，我寫了好幾本書，自己出版，結果引起廣大的迴響。最後，我把三本書集結成一本書，然後在全世界銷售。」

「當汽車的運作方式逐漸電腦化時，那些道理我一點就通。公司要我們使用一種手持掃描器，查看它偵測到的數據資料。這種掃描器久久才更新一次，所以時常會因為各種間歇性的訊號問題而壞掉。我決定要去找真正適用的量測儀器，麻州的伯靈頓（Burlington）有一個太克公司（Tektronix）的銷售據點。量測儀器價格非常貴。我走進銷售中心，向他們自我介紹。我告訴他們我想要的是什麼，於是他們請業務經理過來找我。我向他解釋我需要什麼樣的儀器，他帶我去找一位技術工程師，而這位技術工程師又帶我去找客服經理。最後，他們找了總公司的人和我通電話。」

「因為我清楚解釋了我的需求，而不是似懂非懂，我幫助他們發現了一種他們從來沒有想過的銷售產品方法。於是，他們免費把儀器送給我。太克派了一位業務代表，跟著我花了兩個星期跑遍全美國，教導人們怎麼使用太克免費提供的儀器。太克後來也花錢請我為他們的儀器撰寫使用手冊。這個情況後來延伸到了其他的行業。最後我還受邀到大學和職業學校演講，並且成為幾所職訓學校的董事會成員。」

對於曾經因為缺乏資格而差點打退堂鼓、幾乎錯失第一次真正機會的人來說，這樣的人生轉變不可說是不大。傑夫在人生很早的階段就了解，唯一能阻擋自己的，只有自己的想法。「別人視為阻礙的東西，我並沒有把它看成阻礙。到太克公司時，我只是單純地走進門，和他們聊天而已。這就是我做事的方式。」

傑夫現在已經退休，但這並未阻止他繼續超越限制。他開了一家製造並維修高性能汽車的車廠。有空的時候，他也著手設計極具創新概念的引擎。我想，他的這些嘗試應該都會成功，因為他對自己的能力與目標有非常清楚而且深刻的了解。

傑夫的例子清楚顯示，對於尋找天命，態度具有決定性的影響。傑夫擅長並熱愛他所做的事，但其他人可能會因為自己不具備該有的資歷，或是覺得自己沒有資格爭取晉升的機會，而退縮下來，但傑夫並不自我設限。正如他所說的，他並不將別人眼中的阻礙視為障礙。假如你調整自己的想法，阻礙就不復存在，傑夫的例子就是最好的證明。

你是誰？

在第四章，我對心靈、意識與個性作了簡單的區分，並且指出「個性」指的是你對你自己，以及對他人展現出來的性情。人的個性有許多面向，我想要說明其中比較重要的三個：氣質、性情與個性。就像「愛」有許多同義詞一樣，這三個名詞有彼此重疊之處，也常被當作同義詞來使用。不過，它們說明了個性的不同面向。

我所謂的「氣質」，指的是你特有的行為、感覺與反應模式。你天生的氣質會影響你對世界的看法、你如何行為處事，以及讓你產生興趣和激發熱情的事物是什麼。當我們說某個人具有藝術、科學或宗教氣息時，指的就是這個面向。

我所謂的「性情」，指的是你的常態心情與態度。它會影響你是生性喜樂還是憤世嫉俗、是樂觀還是悲觀；它是讓你覺得杯子是「半空」、還是「半滿」的決定性特質。

我所謂的「個性」，指的是你的整體道德觀，包括誠實、忠實、勇氣、毅力或是其他相反與相關的特質。

你的天生遺傳會影響你的氣質、性情與個性，並因此影響你的快樂程度。但這只是影響、而非決定性因素。有一種加以區分的方法是：氣質是天生的，性情是從經驗衍生出來的。雖然氣質不太會改變，但你的性情會隨著你的經驗增長與成熟度提升而改變。此外，你對於自己以及自己能有多少成就的看法，也會跟著改變。

氣質與性情會指引你處世的方向。而態度是氣質與性情的展現，但是會更明確一點。身體姿態（physical attitude）是我們做某些動作時，肢體所擺放的姿勢，例如我們在網球發球、舉重、準備起跑等時刻的姿勢，或是為麻煩做好準備等等。而心理態度（mental attitude）是我們對某個情境、議題或人際關係的立場。

態度（Attitude）是一種觀點。在幾何裡，它是指傾斜角；同樣地，在意識層面，它是你觀察事物的角度或觀點。律師會告訴你，兩個不同的人對同一個情境會有截然不同的看法。他們有可能站在不同的地方觀察這個情境，而位置不同會影響他們所看到的景象。他們也有可能站在同一個地方，卻透過不同的「觀點」來觀察。

好消息是，你的態度就和你的性情一樣可以改變。新的觀念與資訊以及新的洞見與經驗，都可以重新建構你看事情的角度。你認為杯子是半空還是半滿，通常會受到你的選擇與經驗所影響。它會決定你能否（以及如何）找到你的天命。我們來看看蘇・肯特（Sue Kent）的例子。

全力以赴

蘇住在威爾斯的史旺西（Swansea），她是一個有執照的女按摩師，也是二〇一二年英國殘障奧運代表隊的官方指派按摩師。她在倫敦和史旺西兩地開業，同時開班授課，傳授按摩技巧。她的成就令人驚嘆，是因為當她出生時，她的雙臂嚴重發育不全。她的手臂只有二十公分長，而且手掌上總共只有七根指頭。她沒有辦法用手按摩，她用的是腳。在進行按摩時，客人要躺在地上，而她坐在一張板凳上，用腳按摩。

蘇的母親在懷孕時吃了醫生開的藥「沙利竇邁」（Thalidomide），結果導致蘇的手臂發育不全。在一九七〇年代，沙利竇邁被廣泛用來減輕孕婦的孕吐狀況。後來人們發現，它會干擾胎兒的正常發育，結果導致了許多畸形新生兒的產生。在法律與醫界引起軒然大波後，沙利竇邁最後被禁用，但卻已讓一萬多名嬰孩受到影響，其中許多人有嚴重的肢體殘障，蘇就是其中之一。

蘇現在已經五十歲。打從孩提時代開始，她就一直在努力克服各種挑戰。多年來，她熱中於游泳、騎馬、衝浪和芭蕾等活動。「我總是設法找出我自己的做事方法，」她說。有愈多人看見她的殘障，「這種殘障就會變得愈沒什麼大不了，而無知的人就會減少。」

蘇後來結了婚，也生了小孩。在度過了養兒育女的「保護期」之後，她決定繼續向自己和別人挑戰。她曾經從事廣告行銷的工作，但後來因為必須照顧生病的父母而辭去工作。在這段期間，她的兒子有一次因為操作帆船扭傷了背部，她必須為他按摩背部，以減輕疼痛。結果她按摩的效果非常好，而她自己也很喜歡做這件事，於是她開始思考自己能不能靠這項技巧謀生。

她後來申請了威爾斯大學的運動按摩訓練認證課程。有些教練非常懷疑她只靠雙腳能否順利完成訓練。這個過程當然非常辛苦，她花了一年多，才發展出屬於她自己的技巧，運用雙腿和雙腳的肌肉，有效進行按摩。

大多數人的腳底會因為日常的行走而變硬。因此，蘇必須設法讓她的雙腳保持柔軟與敏感。經過一連串的足部治療與保養之後，她找到了更好的方法。她向一家手套工廠訂製了一些柔軟的橡膠腳套，當她日常行走，「做其他該做的事情時」，就可以靠這種腳套保護她的雙腳。

蘇後來跌破許多懷疑者的眼鏡，開了一家名為「享受雙腳」（Enjoy Feet）的店。到目前為止，她是英國唯一可以用這種方法進行運動按摩的合格治療師。「接受治療的客人一開始都非常好奇，但是他們後來都說，感覺起來像是用一雙大手在按摩，而這種感覺比較好，因為腳部可以涵蓋的範圍比較廣。拉筋的部分也很好玩，因為我必須把客人的腳夾在我的腋窩來拉筋。我也幫男性治療，有些人還是舉重選手，因為我的按摩力道比較大。由於我的雙腿時常用力伸展，我可以輕易找出每條肌肉的位置。」

在以職業治療師的身分執業三年之後，她被英國政府指派為殘障奧運代表隊的治療師。這是一個令她熱血沸騰的個人目標。她說：「我想知道自己能不能以某種方式投身於運動的最高殿堂，殘障奧運選手的成就太了不起了，我等不及要加入他們的行列。」蘇同時想要挑戰人們對殘障人士的刻板印象。「我希望自己能夠啟發其他的身障朋友，向他們證明，他們並非只能從事坐在辦公桌後操作電腦的工作。」

蘇的例子正是卡蘿・狄維克（Carol Dweck）所謂的「成長心態」（growth mindset）最好的例證。

改變你的心態

狄維克是史丹佛大學（Stanford University）心理學家，二十多年來，她一直在研究人們的性情與態度如何影響他們的成就。她說：「你對自己的看法，將會決定你能否實現你的目標與夢想。」在她的著作《心態致勝》（*Mindset*）中，她提到了兩種截然不同的心態，亦即她所謂的「定型」（fixed）與「成長」（growth）心態。

擁有定型心態的人往往認為，智能與天賦等等個人特質在我們出生時就已成定數，沒有改變的空間，是「上天注定」的。定型心態通常會「形成一種想要一再證明自我的急切需求」。假如你認為自己只具有某種程度的智能、某個類型的性格與個性，「那麼你最好能夠證明你已經擁有充足的庫存量，因為如果這些基本特質的庫存不夠，你就會覺得渾身不對勁」。

根據狄維克的說法，定型心態是不斷強化而來的，而強化的因素包括某些教育方式，以及人們用智力測驗的分數來衡量智能等特質的習慣。

有許多擁有定型心態的人非常執著於「向別人證明自己」，不論是在學校、職場或是人際關係上。我究竟是成功還是失敗？別人覺得我很聰明、還是很笨？別人會接受我、還是排斥我？我覺得自己是個勝利者、還是失敗者？擁有定型心態的人傾向於認為天賦與性情是「老天給你的一副牌，你只能默默接受」。如果你真的這麼認為，你可能會發現自己「永遠試圖在說服自己和別人，你拿到的是同花順，而其實你一直暗自擔心，自己拿到的只是一對十」。

成長心態就完全不同了。它建立在一個看法之上，那就是你可以透過個人的努力，發展出各種能力與可能性。雖然每個人因為生物遺傳而具備了不同的條件，但擁有成長心態的人認為，「每個人都可以透過應用與經驗，得到改變與成長」。

對於人類的發展，長久以來的幾個爭論之一，在於先天與後天因素之間的關係。你的能力與成就受到生物因素還是經驗的影響比較多？現在主導的科學和哲學觀點是，先天與後天因素之間存有動態關係，會深深影響彼此。你的大腦就和你的身體一樣，會隨著新的人生經驗與技能的增長，而產生新的神經傳導路徑與網絡。

狄維克的觀點建立在成長與演化的原則上。她說：「每個人都遺傳到了獨一無二的天分。我們一開始各自具備了不同的氣質與態度，但很顯然的，我們後來的發展取決於經驗、訓練與個人的努力。」成長心態源自一個觀點，那就是沒有人知道，假如人們以適當的方式、努力與決心，運用自己先天具備的能力，究竟能創造多大的成就。「成長心態的特徵就是，即使在不利的環境中，仍然保有想要發揮天賦的熱情，並且堅持不懈。」

我再舉一個例子。這個例子的主角在成長心態的支持下，克服了各種障礙，最後終於尋得天命。第三章提到，假如你住在離海很遠的地方，而且從來不曾搭過船，你就永遠不會知道自己究竟有沒有航海的天賦。這是事實，除非你是愛倫・麥克阿瑟（Ellen MacArthur）。愛倫的人生經歷極不尋常。她在二十二歲時，已經成為世界上不靠岸單人環球航海航行速度最快的人。而以起始點來說，她是世界上最不可能以航海為業的人。她出生在英國一個離海很遠的低收入社區，日後成為競速帆船手的機率其實非常渺茫。但是她從小對海洋就非常嚮往，而且下定決心要在海上航行。

「從我四歲時第一次乘船開始，我就夢想著要乘船環遊全世界，」她說。「蒂雅姑姑買了一艘船，然後花了兩年修復這艘船。有一次，我的祖母帶著我和哥哥到東南岸的海邊玩了幾天。我現在仍然記得很清楚，自己第一次看到船的那種興奮感覺。當我爬上船，從甲板向小小的船艙看進去，我看到了一個小小的模型屋。我們將船帆升起的那一刻，到現在仍然讓我記憶猶新，就像是昨天才發生一樣。當船被注入生命後，我感受到前所未有的自由。我從小在非常內陸的德比郡（Derbyshire）長大，那次經驗實在很震撼。」

「從那一刻起，航海成了我生命的全部，雖然我身邊沒有志同道合的人可以分享這股熱情。我上的學校都在煤礦區的小鎮上，那些地區的煤礦都已經快要開採完畢，而當地人從來不鼓勵孩子追求遙不可及的夢想。如果我對別人說，我的夢想是航海環遊全世界，我想大家一定會覺得我瘋了。因此，我把這個夢想留在自己的心中。」

從小學開始，愛倫就把買生日禮物和聖誕節禮物的錢存起來。經過一點一滴的累積，她存的錢終於足夠她買一艘船。不過，她仍然覺得自己需要先把航海的夢想暫時放在一旁，因為她想上大學。她考慮以後當個獸醫。然而，她的入學考試成績太差，再加上染上了淋巴腺熱，使得上大學的願望泡了湯。現在回想起來，她認為這個挫折是「上天最好的安排」。

「在我生病的第三個星期，有一天凌晨兩點，我醒過來，當時電視正在播放『懷特布萊德環球帆船賽』（Whitbread Round the World Race）的賽事。就在那一刻，我突然覺得自己可以完成環遊世界的夢想。我看著帆船選手在海上競賽的畫面，突然領悟到我不需要自己買一艘船，也能環遊世界。我可以去找人贊助。」

「一個星期後，我的病好了。就在兩個月後，我已經到了英國的東岸，在位於赫爾（Hull）的海事學校學習航海與導航的技術。我每天熬夜透過電腦程式學習辨認燈塔的閃燈方式，或是到河岸邊去辨認船隻的型號。十二個月後，我一個人從那個港口出發，環繞英國航行一周。那時是一九九五年，我第一次一個人航海。當時我十八歲，我沿著河流向下游航行，展開為期四個半月的航海旅程，覺得自己的未來在眼前展開了！」

就在那年，愛倫橫越了大西洋兩次。在接下來的兩年當中，她又橫渡了大西洋三次，其中有兩次是一個人獨自航行。她四處尋找贊助者，但這並不容易，因為她當時在帆船界沒沒無聞。不過，當她二十二歲時，她得到了翠豐集團（Kingfisher PLC）的贊助，實現了她環遊世界的夢想。

「一到海上，我就感受到歸屬於天命的感覺。我必須檢查各種資料數據，然後根據這些資料決定航行的速度，我不能犯任何錯誤，因為我有可能因此小命不保。當我第一次操作我的『翠鳥號』航行時，真的覺得自己置身於天堂。我先航行世界半周作為練習，然後在兩個星期後，我參加單人帆船比賽，勝過當時的世界冠軍。那一年稍後，我駕駛『翠鳥號』參加『帆迪不靠岸單人環球帆船賽』（Vendee Globe），得到亞軍。四年後，我靠著一艘二十三公尺長的三體帆船，成為不靠岸單人環球帆船航行速度最快的人。我做著我夢想做的事，過著我夢想的生活。那時，我知道什麼事都有可能實現。」

要尋得天命，你必須先找到自己的天賦與熱情。愛倫很小的時候，就在非常不利的環境中找到了她的天賦與熱情。然而，就和蘇一樣，在歸屬天命之前，她必須先測試自己的極限，並且堅信自己可以實現夢想。態度與性格決定了一切，不論是對她們兩個人、還是對你而言，皆是如此。

人格特質分類

你屬於哪一種人？每個人的外表都不相同，同樣的，每個人的性格也大異其趣。正如不同的文化對「愛」有不同的看法，長久以來，人們一直試圖從科學、形上學、到神祕學的角度，將人的性格分類。然而，沒有任何一種分類方法受到一致的認同，因為人有千千萬萬種。不過，你還是可以思考一下，下列的多種性格分類方法，與你的氣質、性情和態度之間的關係。

最早的分類方法之一，是西元前一世紀由中東地區的占星家發展出來的。這種星座的分類，大家都很熟悉，我就不贅言了。不過，它背後的概念相當有趣。它是根據風火水土這四大元素來分類，每一大類包含了三個星座：

- 水象：雙魚座、巨蟹座、天蠍座
- 風象：水瓶座、雙子座、天秤座
- 土象：摩羯座、金牛座、處女座
- 火象：白羊座、獅子座、射手座

根據占星學的說法，你所屬的星座會決定你的性格。假如你對星座有些既定印象，你會發現一件有趣的事：有人認為風象與火象星座具有積極、外向與陽剛的屬性，而水象與土象星座具有消極、內向與陰柔的屬性。

直到今日，星座仍然影響著許多人對自己的性格與「命運」的看法，占星專家仍然依照星象圖來預測人們的運勢。如同我在序言中評論福瑞爾效應時所提到的，占星學的這些說法令人懷疑，有幾個很好的理由。我的父親一輩子對星座和占星術都抱持高度的懷疑。我曾經告訴他，他不相信這些，是因為他是處女座，而處女座的人本來就不信這一套。

氣質說

另一套分類系統幾乎和占星學一樣古老，但現在幾乎沒有人在提了，那就是聽來有點不舒服的人體氣質性格理論。即使如此，你仍然可以在這些類型中，多多少少看見自己。

古希臘醫師希波克拉底（Hippocrates）（西元前四六〇年—三七〇年）認為，人的性格受到體液（或是氣質）的影響，包括血液、黃膽汁、黑膽汁與黏液。我已經警告過你了，這個理論有點令人不舒服。五百年後，古羅馬醫師蓋倫（Galen）（西元一三一年—二〇〇年）把氣質理論結合四種元素，提出了四種氣質類型：多血質、膽汁質、抑鬱質與黏液質，每個類型是因為某種氣質過盛所造成的。

多血質的人生性喜歡社交，個性外向、具有個人魅力而且擁有人際互動的自信心，同時也敏感、有同情心、體貼、需要獨處的時間。

膽汁質的人有企圖心，總是喜歡帶頭，擁有熱情與活力，可以輕易影響其他類型的人，對於生命往往有極端的看法，而且很容易在情緒高昂與憂鬱低落之間來回擺動。

抑鬱質的人基本上內向而且多思慮，很體貼別人的感覺，而且有可能對生命中的悲劇與危機過度敏感。往往從事藝術方面的工作，尤其是作家與畫家。比較喜歡自己一個人做事，有時甚至有點太過遺世獨立。

黏液質的人比較放鬆、安靜、待人和善、而且容易感到快樂滿足。對環境變化的應變速度比較慢，喜歡規律的生活，也喜歡熟悉的人、事、地、物。比較固執，做事有方法，喜歡把事情做到最好，而且會堅持到底。

不論以何種形式呈現，氣質的概念長期主導了人格特質分類的看法，直到十八、十九世紀科學興起之後，它才逐漸式微。隨著心理學漸漸發展成一門學科，多種將個人行為與人際互動模式分類的說法，從此應運而生。

看見內在

榮格在一九二一年出版了《人格類型》（*Psychological Types*），這本書對心理學界與流行文化產生了非常大的衝擊，至今仍然是最具影響力的人格理論之一。榮格的理論是根據二十多年的心理學研究，他關注的焦點不在於將人的行為模式分類，而在於了解人們慣常的處世方式。現代人常常談到的「內向」與「外向」概念，其實就是榮格發展出來的。

根據榮格的說法，內向與外向是人們投注注意力與參與度的模式。內向的人比較傾向關注內在世界，而外向的人比較傾向關注外在的世界。

榮格通常以「遲疑、沉思、靦腆、保留」來描述內向的個性，而用「坦率、適應力強、有親和力、可以很快把不安放在一旁、以初生之犢不畏虎的自信心勇往直前」來描述外向的個性。榮格力求立場超然，但我們會很容易以為他對外向的個性不是那麼欣賞。但他也說過，沒有哪個人只具有內向或外向單一傾向。「雖然我們每個人都會傾向於依照某個主要性格取向為人處世，但另一個性格取向仍然潛藏在我們體內。」

除了上述兩種態度取向之外，榮格還界定出四種傾向模式：

- 思考——有意識思考的過程
- 感知——透過身體感官察知這個世界
- 感覺——主觀評斷的過程
- 直覺——無意識察知的過程

榮格結合這兩種態度與四種模式，得到了八種主要人格類型。他以一貫嚴謹的態度，指出這套分類法無法解釋所有的個別心理差異，他也無意用此分類法將人貼上標籤。他主要把它當做一套工具，用來了解人與人之間的相同與相異處，做為分析與治療的依據。此外，他也沒有想要推廣這套分類法，讓世人廣泛應用。

然而，有許多人以榮格提出的人格類型分類法為基礎，發展出多種人格分類方法，廣泛運用在商業、教育、訓練指導與職涯諮商等領域。其中最廣為人知的就是邁爾斯－布里格斯人格特質分類指標（MBTI）。這套方法受到榮格的啟發，由凱薩琳・布里格斯（Catherine Cook Briggs）與她的女兒伊莎貝・邁爾斯（Isabel Briggs Myers）在一九四〇年代共同開發而成。MBTI根據榮格的理論，加入特質與偏好的概念，創造出十六種人格類型。這種測驗可以幫助你在四個面向找出自己的類型：

- 外向型（Extroversion, E）——內向型（Introversion, I）
- 實際型（Sensing, S）——直覺型（Intuition, N）
- 思考型（Thinking, T）——感覺型（Feeling, F）
- 判斷型（Judging, J）——感知型（Perceiving, P）

做完測驗，你會得到一個由四個字母組成的人格類型代碼。（假如你想知道，我可以透露，我屬於INFP型。）MBTI宣稱，所有的人都可以被歸類到這十六種人格類型中，至少它的涵蓋範圍夠廣，兼具實用與可靠的特性。但這並不表示每個人都差不多。「屬於同一種類型的一百個人，其實都各不相同，因為他們各自有不同的父母、基因、經驗、興趣等等。但是他們也會有許多共通之處。」

MBTI建立在一個假設之上，那就是你應該根據你對自己的能力、興趣與價值觀的了解，來決定你的人生與職涯選擇。這個觀念有時被MBTI施測者稱為「大樹」（the big tree）概念。你的類型會隨著時間的演進而改變。隨著工作經驗的增加，你會得到新的技能，「隨著年紀的增長，你會產生新的興趣，並且揚棄舊的興趣。你的人生目標往往也會隨著時間而改變。」你所屬的類型無法決定你的能力或是預測你能否成功，它的作用在於「幫助每個人找出最能激勵自己的因素，並且促使我們在自己選擇的工作中，尋找這些元素。」

我曾在《讓天賦自由》中提過，所有的測驗方法都有缺陷，MBTI也不例外。你應該以批判的態度來看待這些測驗，而不是把自己硬塞進某個類型裡。假如你把這些測驗當做提出疑問或了解自己的工具，那麼它對你就有幫助。假如你用這些工具來為自己貼上標籤和設限，它就沒有幫助。

氣質問題

我個人覺得下一個分類方法特別有趣。它建立在一個關於父母與子女的長期追蹤研究之上。我們每個人都曾經是小孩，也都有父母，所以這個架構適用於每個人。我喜歡它，是因為它沒有界定任何特定的人格分類；它只是指出在每個人身上以許多不同方式組合的人格向度。

亞歷斯・湯瑪斯（Alex Thomas）博士與史黛拉・卻斯（Stella Chess）博士是紐約的一對夫妻檔心理治療師，他們對氣質的概念特別感興趣，他們界定氣質的方式，就像我在此使用詞彙來理解態度和熱情一樣，他們認為，氣質必須與另外兩種特質區分開來：

- 你會做些什麼——你的能力與天賦
- 你為什麼這麼做——你的動機與目標
- 氣質——你的行事風格

透過長期研究孩童的行為，卻斯與湯瑪斯界定出九種行為特質。他們認為，每個孩童（與成人）在這九個向度上各有不同的強弱傾向。你可以試試看，把這個觀念應用在自己和你認識的人身上。

敏感度（Sensitivity）指的是，外界的刺激要到多大，孩子才會產生反應。外來的刺激，例如噪音、氣味或光線，會導致孩子產生強烈或是溫和的反應？卻斯博士說：「有些孩子照到陽光只會眨眼，而有些孩子卻會尖叫。有些孩子對噪音幾乎沒有反應，有些則極為敏感。」

反應強度（Intensity）指的是孩子的反應激烈程度。「高反應強度的孩子可能會大笑或大叫；低反應強度的孩子可能會文靜地微笑。在表達負面情緒時，高反應強度的孩子會大聲尖叫或哭鬧；低反應強度的孩子會啜泣和表現輕微的不安。」

活動量（Activity）指的是孩子的活動力。「低活動量的孩子可以安靜看電視好幾個小時，高活動量的孩子會跳上跳下，跑來跑去。有些孩子喜歡高活動量的遊戲，不論做什麼都動個不停。」高活動量的孩子可能無法乖乖地坐在教室裡，而低活動量的孩子可以接受環境給予的規定或約束。前者喜歡劇烈的肢體活動，例如奔跑或是跳上跳下。後者喜愛的活動可能是比較溫和的肢體動作，例如畫圖和拼圖。

適應力（Adaptability）指的是孩子對環境轉變的適應狀況。當環境發生變化時，孩子會快速調整自己、還是抗拒變化？適應力強的孩子會快速進入新的狀況；抗拒型的孩子可能需要比較長的時間，才能適應新的狀況。

趨避性（Approach or Withdrawal）指的是孩子對新鮮人事物的反應。「有些孩子在新情境中馬上就感到自在——這是主動型的反應。有些孩子會感到不自在，於是表現出猶豫退縮的反應。」大膽的孩子會毫不考慮地主動接近新奇事物，而謹慎的孩子往往會先旁觀，然後再融入新的情境。

堅持度（Persistence）指的是孩子專注於某個活動上的時間長短，以及在遇到挫折時是否會繼續從事原來的活動。高堅持度的孩子可以長時間專注於某個活動，即使遭到干擾或打斷，仍然會重回原來的活動之上。低堅持度的孩子可能比較容易失去興趣，在遭到中斷後就放棄原本正在從事的活動。

規律性（Regularity）指的是生理節奏，包括睡眠、飢餓與如廁的習慣。「有些孩子的生理作息非常規律，每天在同樣的時間睡覺、醒來與吃飯。」有些孩子會在不同的時間睡覺，睡眠長度與吃飯時間也都不一定。

注意力分散度（Distractibility）指的是孩子分心的難易度。有些孩子在玩遊戲或學習時會保持專注，不會注意到有人從旁邊經過；有些孩子則很容易分心，而且一旦分心，就難以再專注在原本的活動上。

情緒本質（Mood）指的是孩子表現正向或負面情緒的傾向——孩子比較常表現出快樂、雀躍、愉快的情緒，或是相反的情緒。「有些孩子大多數的時間都很開心，而且與他人相處融洽。有些孩子在大部分的時間都不開心，對父母來說，這可能是個考驗。」以這個定義來說，情緒本質可能最接近我所說的「性情」。

每個孩子都具備這九種特質，或是更多的其他特質。這些特質的強弱排列組合，會決定一個孩子的獨特行為風格或氣質。巧的是，英文的「氣質」（temperament）源自拉丁文temperare，意思是「混合」。這意味著，氣質是多種不同元素的組合，而並非單一特質。你的特質組合是什麼呢？

調整他人的態度

有時候，你所面臨的挑戰不在於你自己的態度，而是周遭其他人的態度。別人期待你在某個時間點、用某種方法、在人生中達到某個水準，並不表示你只有這條路可走。有時候，正向的態度意味著你必須漠視常規。舉例來說，假如你希望成為電影演員，娛樂圈的大多數人會告訴你，你最好從二十、三十歲就開始展開演藝事業。如果有人考慮在六十多歲時才開始拍電影，你可能會認為她簡直是痴人說夢。

假如曾經有人告訴咪咪・威德爾（Mimi Weddell）上述的建議，感謝老天，她並沒有聽進去。威德爾一直在報業與廣告業工作，直到六十五歲。在這中間，她偶爾接一點平面廣告模特兒的工作，養大了兩個小孩，偶爾在外百老匯（off-Broadway）的戲劇客串演出。但是當她的丈夫在一九八一年過世時，她決定把演戲擺在人生的第一順位。

她後來出現在十部電影裡，包括伍迪・艾倫（Woody Allen）的《開羅紫玫瑰》（*The Purple Rose of Cairo*）以及威爾史密斯主演的《全民情聖》（*Hitch*）。另外，她也在影集《慾望城市》（*Sex and the City*）和《法網遊龍》（*Law and Order*）中以客串角色現身。有一部受到高度讚揚的紀錄片「向咪咪．威德爾致敬」（*Hats off*），就是以她為主角，影片裡提到了她經常戴著帽子出現在公開場合，樣式多達一百五十多種。

「可能有人說威德爾夫人在電影裡的角色是小配角，甚至是微不足道的小角色，但這只是膚淺的看法。」《紐約時報》（*The New York Times*）如此評論。「就在她出現在鏡頭上的短暫片刻，她散發出諾瑪．戴斯蒙（Norma Desmond）般的巨星光芒。」

在接下來的三十年，一般人可能只想著如何過退休生活，但威德爾做的事，卻足以讓只有她一半歲數的人應接不暇。她時常去參加需要耗費一整天的角色試鏡。她每天大量運動與跳舞。當她九十歲時，兼具優雅與強烈個人風格的她還入選《紐約》（*New York*）雜誌的紐約最美五十人名單。

她的後半生經歷，啟發了許多以為自己已經太老、不能再追逐夢想的人。「向咪咪．威德爾致敬」的導演吉兒．強史東（Jyll Johnstone）表示，她收到許多人寄給她的信，信裡提到他們是如何受到威德爾的激勵，決定勇於追求自己的夢想。「我很訝異她竟然觸動了如此多人的生命，」強史東如此告訴《洛杉磯時報》（*The Los Angeles Times*）。

威德爾活了九十四歲，在她一生中，尤其是最後的三分之一，她絲毫不理會一般人對六十多歲女性的期待，並且以滿懷希望的態度面對挑戰。

「人必須去克服挑戰，」威德爾在「向咪咪．威德爾致敬」中說。「沒有人能夠每分每秒都開心快樂。」但是，威德爾認為，即使在不快樂的時候，我們仍然應該以活出歡欣雀躍的人生為目標。「你要一路以優美的舞步走過人生的旅程。假如你不跳舞，你這輩子就不曾離開地面一絲一毫。」

傑夫、愛倫、蘇和威德爾各自以不同方式，印證了一個道理：追尋天命不只需要擁有天賦與熱情，還取決於你的態度。你的遺傳與環境可能決定了你的起始點，但無法決定你的目的地。不論你現在的處境如何，找藉口搪塞，永遠比真正去做容易許多。政治思想家安東尼奧・葛蘭西（Antonio Gramsci）曾說：「不想採取行動的人都會說，他辦不到。」但假如你想採取行動，自信心與毅力可以支持你，讓你在最不被看好的開始與最具挑戰性的環境中，突圍而出。

你採取什麼態度面對這個世界，這個世界就會給你什麼樣的回應。假如你開始採取不同的行動，你會發現，新的朋友會進入你的生命，而舊的朋友已經重新塑造了你。人生會出現新的契機。假如你把握這些契機，就可以改變你自己以及其他人的人生。人生的動態變化就是如此。你能否成為那個轉變過程的一部分，或是該如何促成轉變，關鍵在於你的態度。

幾個值得思考的問題如下：

- 你有多急切想要歸屬於天命？

- 你願意為它付出多少努力？
- 你認為你有資格實踐天賦嗎？
- 你可以做些什麼，以加強自信心？
- 你的氣質會如何影響你追尋目標？
- 你可以做些什麼，來改變周遭其他人的態度？

第七章

你立足於何處？

想要朝人生目標邁進，
關鍵的第一步是看清自己現在的立足點，
也就是現況，
其中包括內在人格特質和外在環境因素。
了解自己的強項與弱項後，
就能展開行動。

我們在上一章提到，追尋天命時，有些障礙來自我們的想像，而非實際狀況。當然，每個人的情況都不相同，有些障礙確實存在。

在本章中，我們要檢視你可能會面對的外在限制與機會。我會提出一些方法，幫助你了解自己現在的立足點，以及你已經擁有或可能需要的資源。每個人的起始點都不同，在一開始意識到這一點，是很重要的事。你的起始點可能會影響你一開始選擇的方向，但它本身無法決定你的目的地。我們稍後會再討論你的情況，現在，讓我用我自己的故事，來說明人生可能出現的峰迴路轉情節。

再會啦！利物浦

一九五〇年代，我還在讀小學，當時沒有一個人想得到（尤其是我自己），現在我在美國加州定居，做我現在做的事。

當我還是青少年時，我很喜歡到利物浦的民謠俱樂部和合唱團一起練唱水手船歌，這些船歌的大意大多是：我已經受夠了流浪、威士忌與放浪女子。當時的我根本沒有流浪過，也不曾遇過任何一個放浪女子。不過，這並不妨礙我練唱這些歌曲。

在我們練唱的曲目中，有一首最常唱的歌，叫作「再會啦！利物浦」（The Leaving of

Liverpool），它是這樣唱的：

再會啦！王子驛站，
再會啦！梅塞河。
我要航向加利福尼亞，
一個我熟悉的地方。
再會啦！我的摯愛，
當我歸來時，我們將會重逢。
我傷心並非因為離開利物浦
而是因為思念愛人的深情。

當時我對加州一點也不熟悉，也不知道我未來會前往那裡。一切看似不可能發生，但是我現在人就落腳在這裡。就和所有的旅程一樣，我先踏出前面幾步，然後歷經不同的階段。有時候，一個階段會順利發展到下一個階段。有時候，我會來到十字路口，而不同的路，會引領我走上截然不同的人生。

一九七二年夏天，我就來到這樣的十字路口。我坐在英國威克菲爾德（Wakefield）的一間酒館裡，點了一杯啤酒，思考我的未來。當時我二十二歲，極具吸引力，而且剛從大學畢業。我擁有英文、戲劇、教育的學位，以及教師證書。我沒有任何應該承擔的責任或牽絆。我在大學時代曾和一個女孩熱戀兩年，不過，那段戀情已經結束。（令人難以置信的是，提出分手是那女孩。我知道你難以想像，不過事情就是這樣。）我的父母並沒有給我任何壓力，要我往哪個方向發展。只要我喜歡自己所做的事，他們也會為我高興。

我當時正在考慮兩個非常不同的選擇：到瑞典教書，或是到倫敦繼續深造。我很喜歡教書，也擅長教書。我想要旅行，而且已經申請了一份教職，到瑞典去教青少年英文。一想到我可以在斯德歌爾摩（Stockholm）待一段時間，領一份不錯的薪水（我的第一份薪水），還可以解救一群不懂英文的可憐瑞典少女，這令我非常嚮往。

就在同時，我也申請了倫敦大學教育學院（University of London Institute of Education）的博士學位獎學金。我其實並不是特別想拿到博士學位，只不過這個點子很吸引我，聽起來很有挑戰性，就像攀登安娜普納峰（Annapurna）一樣。再加上如果順利拿到學位，我就可以自稱為博士，這個頭銜聽起還不賴。我大學時代在約克郡的布萊頓赫爾學院（Bretton Hall）就讀，當時的校長亞林・戴維斯（Alyn Davis）博士是個頗有啟發性的教育家。他是我遇到的第一個博士，我對他刮目相看。他鼓勵我去攻讀博士學位，並且告訴我該怎麼申請入學，以及該申請哪些學校。

我坐在酒館裡，等著來自斯德哥爾摩與倫敦的消息。在必須作抉擇的那一天之前，我的心中其實並沒有任何定案。後來，我收到了來自瑞典的教職邀約，對方希望我在一個星期之內答覆。一個星期過去了，我還是沒有接到任何關於獎學金的消息。就在那個時候，我意識到自己真正想做的是什麼，於是放棄了瑞典的工作機會。一直到好幾個星期之後，倫敦方面才打電話和我約面談的時間。又過了好幾個月，學校才同意給我獎學金。然後，我搬到倫敦，展開了新的人生旅程，一路發展，最後來到我此刻的人生，在我已經熟悉的加州，著手寫這本書。

走出去

當時我二十二歲，沒有任何負擔，可以自由決定自己的未來。你現在的情況可能也是如此，如果是的話，那麼你要慶幸，並且充分利用這個優勢。同樣有可能的情況是，你的身上背負著各種責任，而你覺得自己沒有太多其他的選擇。即便如此，人生方向的大逆轉仍然有可能發生。

有許多人為了前途而移居到其他的國家。我就從英國移居到美國。美國這塊土地上到處都是外國移民，他們費盡心思、歷經千辛萬苦來到這裡，只為了改變他們的環境，提高生活品質。雖然並不是每個人都實現自己的夢想，但是他們全都準備冒險一試。

我們當初出版《讓天賦自由》的目的，就是希望改變人們。結果證實，我們設法做到了——而且有時甚至改變人們住的地方。

二〇〇八年，麗莎與彼得・拉邦（Lisa and Peter Labon）和他們的四個孩子住在舊金山——麗莎稱之為「這個世界上我們最喜歡的城市」。他們看了我第一次在TED論壇的演講，於是買了一本《讓天賦自由》。他們一直覺得，他們的生活必須改變，而《讓天賦自由》給了他們採取行動的動力。「這本書如同從深藏的井裡取出的救命甘露，」麗莎告訴我。「我們不想要讓學校謀殺孩子的創造力，也找回了因為追求成功而拋棄已久的夢想與熱情。」

「彼得的工作時間很長，而且非常辛苦。他在財務管理的領域工作了十五年，早已心力交瘁。而我得照顧四個寶貝孩子，還要負責家務和親友間的送往迎來，簡直是蠟燭兩頭燒。我們都累壞了，在大都市裡每天忙著趕來趕去。」

「有一次，我到聖心學校聽一場演講，那場演講對我有如當頭棒喝。演講者詢問聽眾，他們對孩子的期望是什麼。有人說，『我們希望我們的孩子能夠快快樂樂地生活。』『我們希望我們的孩子能夠活得健健康康的。』『我們希望我們的孩子能有和諧的人際關係。』然後，主講者告訴我們，在孩子的心目中，他們覺得父母希望他們做的是買大房子、開名貴的好車和得到高薪的工作。我們對孩子的期望與教導，和我們傳達給孩子的訊息完全脫鉤。我們此刻希望生活所有層面的方向都是一致的，因此，我們覺得我們必須徹底改變現有的生活。我們對孩子正在上的學校非常滿意，但是我們開始意識到，讓孩子有機會面對各種挑戰，並且離開我們為他們創造的舒適小圈圈，對他們的成長會比較好。這個想法讓我們全家人都得到了解脫。」

拉邦一家人接下來做的事，是許多人嘴裡說想做、但鮮少鼓起勇氣去做的事——他們放下一切，重新開啟新的生活。

麗莎說：「我們全家人在同一個時間點覺醒。我問孩子，他們在這所優質名校過得開不開心，他們全都聳聳肩，不置可否。我問他們想不想去旅行，他們立刻睜大了眼睛，臉上露出光采。就這樣，我們抱著深受鼓舞的心情，離開住了十五年的房子，展開一場未知的旅程。我們在房市快要崩盤時，把房子賣了。然後收拾行李上路。」

麗莎熱愛衝浪，於是他們全家人先到墨西哥的沙優里特（Sayulita）去，因為有人告訴他們，那裡是個很棒的衝浪地點。彼得喜歡滑雪，所以他們在亞斯本（Aspen）租了一間度假小屋度過雪季。然後他們又造訪了許多地方。

在這個過程中，麗莎必須用「在家自學」的方式教小孩讀書。「我們必須在家自學，因為我們在每個地方待的時間都不夠長，沒辦法讓小孩入學。我一開始有點擔心，但是也感到非常興奮。我最大的女兒當時小學四年級，她告訴我，有一種數位線上學習的方法。那是個全新的世界。就算給我機會重新來過，我的選擇仍然不會改變。不過，這個選擇實行起來真的很辛苦。」

「一開始，我們想先旅行個幾年再說，我們有太多地方想去，有太多東西想看、想做，有太多體驗想與人分享。不過，旅行的快樂很快就消退了，因為每到一個新環境，我就必須注意孩子的安全和健康問題，而且必須一再地整理行李，這些慢慢變成了我們的壓力。我們旅行了一年，在這段期間，我請彼得認真思考，我們的『家』最後到底會在哪裡。」

於是，他們一邊在美國和加拿大旅行，一邊思索著這個問題。麗莎列出了一些條件：健全的小型社區、優質的學校，以及全家都喜歡而且充滿大自然、陽光和戶外活動的環境。他們根據自己的經驗、朋友的意見和上網查資料，尋找合適的地點，並且不斷測試可行性。最後選定的地點，是舊金山東北方一千三百公里外的猶他州公園市（Park City）。

「最讓我心動的是，選擇住在山城裡的居民所展現的決心與熱忱。他們非常清楚自己在生活中所重視的部分，並且願意做出犧牲，以便住在那裡。我指的不只是寒冷的氣候，還有經濟方面的犧牲。許多藝術家、知識分子和文化創意者靠著來自觀光客的收入勉強度日，只為了享受這裡的山間步道和新鮮空氣。在這些用心經營的社群中，你可以清楚看見他們對生活的熱情。」

拉邦一家人非常喜歡他們的新家，而且也與不少「不凡人士」結為朋友。當他們居住在舊金山時，完全想不到自己有一天會住在山城，遠離海岸與金融世界。藉由仔細檢視自己的現況以及期盼的新生活（考量過情感與地理因素），他們做出了人生中最重要的改變。

找出你的立足點

拉邦一家人發現，人其實沒有自己想像中那麼安土重遷。彼得在公司已經爬上了位高權重的位子，麗莎的生活也已經在灣區札根，孩子也擁有熟悉的學校、朋友和應有盡有的都會生活方式。當他們發現現有的生活並非他們真正想要的生活時，他們原本可以像大多數人一樣輕易妥協，因為他們對過去生活的經營已經很深，而且明確的人生道路就擺在眼前。然而，他們卻選擇做更重大、更具挑戰性和更令人滿意的事情。

他們有千百個理由可以繼續待在舊金山；那裡的生活其實相當優渥。但是，他們的天命不在那裡。

他們也知道，改變的起始點並不是那麼重要。他們從舊金山開始，只不過是因緣際會的結果而已。他們也可以從紐約、馬利共和國、利物浦或是任何地方展開旅程。同樣的，他們的時間點也可以選擇當孩子還很小時、當他們上大學後，或是在有些孩子還沒出世前。

這家人的例子，最具有啟示性的部分，不在於他們在何時何地開始做出改變，而在於他們對人生的領悟促使他們踏上了旅程。這個道理適用於所有想要追尋天命的人：看清眼前的阻礙與了解自己的現況，確實非常重要，但是，你仍然可以從任何一個起始點，朝向你想要的人生前進。因此，關鍵的第一步就是，看清自己現在的立足點。

你的現況是什麼？

要了解自己的現狀，可以運用一個常見的方法，叫作SWOT態勢分析法。SWOT指的是強項（Strength）、弱項（Weakness）、機會（Opportunity）與威脅（Threat）。這個分析架構是由美國企管顧問亞伯特・漢弗瑞（Albert Humphrey）發展出來的。這個方法雖然一開始是為了企業界而設計，但後來被廣泛運用在教導個人評估自己的現況，並根據此現況規劃出未來的職業或個人發展。SWOT分析法可以幫助你評估可能幫助或阻礙你尋得天命的內在與外在因素。

練習十二：你立足於何處？

請你拿一張紙，畫一個大大的四格方塊。在左上角的方格中寫上「強項」、右上角的方格中寫上「弱項」、左下角的方格中寫上「機會」、右下角的方格中寫上「威脅」。廣義來說，上面的兩個方格——強項與弱項——指的是你的人格特質；屬於內在因素。下面的兩個方格指的是你所處的環境；屬於外在因素。這並不是硬性的分類。舉例來說，你可能會在你的環境中看見強項，或是在態度中發現弱項。不過，在做這個練習時記住這個大概方向，會有用處。

請先看上面的兩個方格。根據你先前做過的所有練習，在這兩個方格中列出你看見的強項與弱項。先從你的能力部分開始寫起，然後用另一種顏色的筆，列出熱情部分的強項與弱項勢。再用第三種顏色，找出態度的強項與弱項。接下來處理下面的兩個方格，列出環境中的機會與威脅。填寫這些方格時，可以從下列的問題得到一些提示。

考慮你的基本情況：

- 你現在幾歲？
- 你有哪些應該承擔的責任？

- 你有哪些經濟上的責任？
- 在家庭與經濟方面，你的安全網有多穩固？
- 根據你的生活現況，你能承擔的風險有多大？

接下來的問題會問得比較細一點：

- 你現在並沒有在做自己真正該做的事，這個事實會讓你感到困擾嗎？程度是高、還是低？
- 你現在正在閱讀本書，這可能表示你還沒有找到自己的天命。對你來說，尋得天命到底重不重要？它像是驚喜的禮物，有的話很好，沒有也不要緊嗎？還是像藍迪・帕森斯在從事吉他製作之前，所感受到的那種隱約的不對勁？或是一種始終存在的聲音，不斷提醒著你，你所在的地方並非你真正想待的地方？

接下來，思考一下你前方最大的障礙：

- 是什麼阻礙了你，讓你不去做你真正想做的事？

- 你需要什麼幫助，才能超越這些障礙？
- 當你超越這些障礙後，會產生什麼後果？

請認真思考上述的問題。有時候，我們的障礙很具體——生病的家人可能需要你花時間和金錢照顧；或是另一半無法跟著你移居他地，所以你必須留在原地——不過，做出重大改變所產生的後果，往往比你想像中的還要輕微。假如你辭去現在的工作，轉換到完全不同的領域，而且收入減少了，你的另一半會因此離開你嗎？如果會的話，這個後果就關係重大。

仔細檢視克服障礙後會產生的真正後果，是一個極為重要的練習。假如你決定追求你的夢想，結果會怎麼樣？仔細思考之後，你會發現，這個問題的答案通常不像我們一開始想得那麼可怕。

現在，請你思考一下可以取得的現有資源：

- 你現在有哪些資源，可以幫助你追求渴望的事物？
- 假如你已經決定要全力以赴，做你認為自己應該做的事，你有哪些現成的路可走？

接下來是更進一步深入思考你在方格中列出的項目，然後問問自己，你可以如何培養並善用你的強項：

- 你需要更多的時間或是訓練，來培養這個強項嗎？
- 你需要透過不同的機會來挖掘或開發自己的強項嗎？
- 你的弱項是什麼？別人也認同你的看法嗎？
- 你為何判定這是弱項？
- 這些弱項對你的影響大不大？假如很大，你可以如何彌補？

當一扇門關上，另一扇門就開啟

要從嶄新的觀點探尋自己真正想做的事，你需要先全面盤點自己的現況。這是瑪莉蘭・沃德（Mariellen Ward）的親身經驗。在歷經接二連三失去至親的打擊之後，瑪莉蘭進行廣泛的省思過程，最後找到了人生的新方向。「我成年後的人生，有大部分的時間不是用在工作存錢，而是用在尋找人生的方向，」她這麼告訴我。「我把這當作人生的目標。我認為，認真追求這個目標是很重要的事。除了健康之外，我將所有其他事情拋開，全心投入這個目標。賺錢對我來說是次要的。我拿到大學新聞系學位後，就在傳播業工作。我一直在寫東西。現在我回顧過去，發現自己一直想當個作家，但卻沒有自信。於是，我所從事的工作，都和寫作沾上邊。」

瑪莉蘭有兩個相當大的障礙要克服。其一是，她在教育體系裡待的時間太短。由於學業成績優異，瑪莉蘭跳了兩級就讀。她的智力足以應付學業上的需求，但是她的心理成熟度卻趕不上其他同學。她說：「我受的教育是東拼西湊出來的，我的成年期人生一直都在修補這種教育方式造成的創傷。」

另一個巨大的障礙是，當她成年後，她連續經歷了喪失親人的重大痛苦，這使得她整個人生陷入混亂。「我的父親宣告破產，我們失去了房子。幾個月後，我媽突然過世，而且她的屍體是我發現的；我受到很大的驚嚇。不久後，我的未婚夫離開了我。然後我爸死於癌症。每次當我要爬起來時，總是有人生的打擊將我再次狠狠打倒在地。」

當她終於能夠向前邁進，想要自我療癒時，她從瑜伽尋求慰藉。「當我去上課時，悲傷的情緒就會排山倒海而來。我的瑜伽老師會讓我去感受這些情緒。她每個星期帶三次課，而我每堂課都去上，從不缺席，風雨無阻。然後，我終於可以好好呼吸，終於慢慢活過來了。我花了好幾年才走出憂鬱。這時我知道，我該去追求我的夢想了。」

經歷數十年逃避自我的歲月，瑪莉蘭終於開始尋找機會。當她開始專心尋找自己的天命時，忽然有一種強烈的感覺，覺得應該去印度。「這是我這輩子所聽到最強烈的內在聲音。聽到這麼強的聲音，就非順從它不可。你幾乎別無選擇，因為你整個人被它籠罩著。我花了一年作計畫、存錢，把個人的東西放到出租倉庫裡，並且把我的公寓賣了。」

就在那年的歲末，瑪莉蘭向東方出發，完全不知道前方有什麼在等著她。她曾經聽過許多人說，在印度旅行是多麼困難的一件事。她內心的聲音雖然非常強烈，但卻不是非常清晰。她只知道她必須到印度去，但是她不知道到了印度後，會遇到什麼事。她甚至開始懷疑，自己是不是為了要死在那裡才去印度。

「我抱持著一種想法，覺得自己將會經歷一段漫長的靈魂黑暗期。但是，事實卻恰好相反。我在那裡度過了非常美好的時光。我覺得自己在整趟旅程中，一直受到祝福與保護，我體驗了一個又一個美好的經驗。我從懸崖邊往下跳，想知道下面的安全網會不會出現。結果，這個安全網不但出現了，而且還變成一張魔毯。」

瑪莉蘭在印度重新找回了對寫作的熱情。結果證實，雖然她是有英國血統的加拿大人，但她的天命卻是書寫關於印度這塊土地。

「我人生中的每個點開始連結起來。我還記得，我從小就對神祕的東方非常著迷。童年的所有夢想雖然已經變得模糊，但從未消逝。這是我人生中第一次不假思索提筆就寫。我意識到，這就是我熱愛的事、也是我真正想做的事。而且有許多人告訴我，我寫得非常好。當我寫關於印度的東西時，我就與一股更高更大的力量連結在一起。我花費整個成年期才發現這一點，但還是很值得。」

瑪莉蘭現在仍然持續寫作。「我甚至無法想像創作瓶頸是什麼東西。」她成立了一個部落格BreatheDreamGo，副標題是「旅行與轉變的故事」。這個部落格得到了網友的高點閱率與好評，最近還入圍了三項加拿大的部落格大獎。瑪莉蘭接下來決定將寫作的觸角伸到書籍的領域。雖然她現在還在努力設法靠寫作維生，但是她對自己的天命一點也不懷疑，也十分慶幸自己當初跨出大步，抓住機會。

為了更進一步了解向外探索的旅程，瑪莉蘭必須先向內探索。花時間練習瑜伽，幫助她理解前幾年遭受的創傷與悲痛，並且幫助她走出了遮蔽未來希望的憂鬱情緒。這些經歷原本有可能讓她從此一蹶不振，但後來卻反過來帶給她更強大的復元能力。

誠如坎貝爾所說的，假如你朝著熱情指引的方向前進，意想不到的機會往往就會自動現身。不過，我想要提醒一點。有些人確實需要專業的諮商與治療。

就在《讓天賦自由》出版後不久，我到西雅圖去演講，同時舉辦簽書會。現場有數百名聽眾。在提問時間，有一個年輕人站起來，用緊張的神情問我，他該如何尋找他的天命。他整個人非常激動，我請他告訴我一些關於他自己的事。他說，他剛從軍中退伍，而且非常氣惱軍方沒有為他們這些退伍軍人提供任何實質的協助或輔導，幫助他們回歸平民生活，找到自己該做的事。他覺得軍方任由他和其他同袍自生自滅。

我意識到他真的需要找人談一談，於是建議他在活動結束後來找我，我和他聊個幾分鐘。在後來的對話中，他告訴我，他曾經被派遣到伊拉克，而且曾經接受訊問囚犯的訓練。

這個年輕人二十二歲。母親在他十八歲時過世，留下他孤伶伶一個人，他決定去從軍。喪母之痛令他悲痛欲絕，於是他轉向軍中尋求安全感。我只能想像，在受訓並擔任訊問官的期間，他看到了什麼，又被命令做了些什麼。我可以明顯看出，他的精神和情緒都非常緊繃。

他說，《讓天賦自由》提出的觀念影響他很深，他覺得我為他指引了一條正向的道路。我希望事情真的是如此。我同時也覺得，他需要長期的關懷與支持，以處理如此巨大的心靈創傷。

本書所提供的練習與工具，可以與專業的諮商輔導搭配使用，但不能取而代之。你要自己決定，你的狀況需要什麼樣的幫助。

你想往哪裡去？

要尋找你的天命，你可能不需要到印度，有時甚至不必離開你家。以本書的共同作者亞若尼卡為例，他現在再也不需要每天通勤三小時去上班了。他只要走進家裡的工作室，就可以展開作家生涯。一旦你看清自己的立足點和目的地，不論此二者相距多遠，你最重要的任務就是找出到達終點的方法。

有些方法涉及心態的問題。你需要做些什麼，才能為自己作好心理準備？許多人花很多時間想像自己追求某個目標的情景，但卻不曾想像，這個目標落實到日常生活中會是什麼感覺。例如，假設你夢想著要教書，你是否已經準備好要面對每天的心情動盪起伏——不論是某個學生的進步帶給你的喜悅，還是在鬧哄哄的教室中無法照顧到每個學生所帶來的挫折感？假如你的新計畫要求你在截然不同的環境中工作，你是否已經準備好要接受這樣的劇烈轉變？當你從獨自一人工作，轉換為與一百個人共事，你的人際互動需求就會變得大不相同。同樣的，假如你已經習慣在工作時開車跑來跑去，你能夠轉換成乖乖待在同一個地方工作六、七個小時嗎？

不要低估做準備的必要性。我時常有機會和發現天賦後轉換跑道的人聊天，但是我擔心他們是不是做了錯誤的決定，因為他們還沒有為新的人生作好心理準備。到新的環境中，一定需要一點時間來調適。假如你事先了解自己可能需要做多少調適，你的適應情況就會順利許多。

另一個重要的步驟是，在你能夠真正追尋自己熱愛的事情之前，你要先找出做這件事所需要的經驗。舉例來說，許多人都以為大學學歷是成功的必要條件。這並非事實。有許多極為成功而且實現自我的人，並沒有上過大學，而有些人上了大學，卻中途輟學。

我並不是建議你不要上大學或是中途輟學。還是有許多人因為大學教育而受惠，而且對某些職業來說，大學學歷是必要條件。就收入方面來看，大學畢業生賺的錢往往比較多，但並非絕對如此。

我的意思是，你應該要知道，擁有大學學歷無法保證你的未來一片光明，而沒有它也不表示你的前途沒有發展。就我所知，許多高中生懵懵懂懂就進了大學，完全不知道自己為什麼要上大學，也不知道自己希望從大學教育中得到什麼。他們的父母師長和他們自己，只是將這一步視為理所當然。許多大學生悠悠哉哉過了四年，到了畢業時，他們對自己的人生目標並沒有增加一絲一毫的了解。

我的看法是這樣的。首先，在許多的人生道路上，傳統的大學教育並不是必要條件。有些人比較希望在高中畢業後就直接進入職場。第二，有些人在高中畢業後先去做其他的事，然後再去上大學，這樣做反而可以讓他們從大學教育獲益更多。

我曾經在英國的大學教書，我常常發現，和直接從高中進入大學的學生相較，那些所謂比較成熟的學生——先從事其他的工作，再來上大學的人——往往有比較強的學習動力。這是因為他們知道自己為什麼要來上學，而且決心盡可能學習最多的東西。假如你現在是高中生，而且正在考慮上大學，但是不確定自己到底是為了什麼而上大學，那麼你也許可以考慮暫時離開正規的教育體系一、兩年，拓展自己的人生經驗，並且給自己一些時間透透氣。

班・史崔蘭（Ben Strickland）是奧克拉荷馬大學（University of Oklahoma）天體物理學系四年級的學生，他認同這種看法：

> 高中畢業就直接進入大學的人，可能會錯失自己做計畫、並更加了解自己的機會……。我非常贊成暫時中斷教育的做法。我並不是說這個做法適用於每個人，但我認為，從幼稚園一路讀書讀到大學、甚至是研究所，並不一定對每個人都是最好的安排……。
>
> 許多人不敢考慮高中畢業後暫時休息一年，然後再去上大學的想法——因為他們非常擔心一旦這麼做，以後很可能就不會再回去唸大學了。在高中畢業典禮上，沒有繼續升上大學的人往往被人視為異類，或是被輕視。滿十八歲應該意味著我們已經進入成人的階段，但是有些人年紀到了，心態卻還不夠成熟……。
>
> 我高中畢業時就還沒有準備好。所有的跡象顯示，我應該去上大學：我的高中學業成績很優秀，也考過了能力傾向測驗（AP test），大學入學測驗SAT/ACT也拿到高分，而且我已經十八歲了——完全符合上大學的條件，不是嗎？於是，我去上了大

學。我試著讓自己看起來很忙，但其實完全不知道自己在做什麼。我勉強讀了三年。如果你問我，我會告訴你，我浪費了太多的時間……。

後來我休了學，進入職場工作三年。現在我又回到校園。這一次，我知道自己要的是什麼，也了解辛苦工作以及對別人負責是怎麼一回事。其實，有很多人都和我一樣，他們在第一次嘗試時失敗了，於是到外面的世界去歷練，得到成長之後，再回來狠狠學一些東西……。

我有幸認識一個極為真誠而且極有同情心的人，他就曾經休學一年，因為他的心態夠成熟，而他意識到自己還沒有找到人生的方向。「我在沒有動力、也沒有動機的情況下，走上了這條路，」他這麼告訴我。「休學後，我才找到自己的志向，我想當個心理治療師。找到這個目標之後，我就看見我該走的路。」他目前正在大學就讀社工系，他說他「實現了幫助別人的志向」……

我另一個朋友也在高中畢業與上大學之間休息了一年。他和一群「玩滑板的小混混」擠在一輛廂型車裡，在美國南部到處旅行。回家之後，他在一家鐵工廠工作了幾個月，存了一點錢。他說：「然後我想起來了：對唷！我該去上大學了。」現在你可以看到他埋首於物理和數學象限圖裡，在釐清某個數學證明或是宇宙真理時，興奮激動不已……

事實就是：在用功讀書之外，有太多的東西值得我們花時間去學習。讀大學不是在人生中受教育的唯一管道。就算你真的有幸能夠上大學，如果你暫時休息一下，去看看外面的世界，當你回來時，大學仍然會在那裡等你──誰知道呢？也許你從此找到了人生的目的。

我的第三個看法是，除了傳統的學術教育之外，還有許多其他的高等教育管道。任何年紀的人都可以到所謂的技術大學，學習設計、表演藝術、專業與產業技術等方面的知識與技能。學院派人士往往貶低這類技能的價值，但事實上，人類的經濟活動需要仰賴這些技能的展現，而且有許多人的天命也在這裡。

有時候，歸屬於天命的條件並不容易察覺。當亞若尼卡決定要展開寫作生涯時，他以為他已經具備了所有的必要條件，因為他在出版界已經與多位作家合作了二十年，而且他一直持續寫作。然而，當他開始嘗試寫散文時，卻是徹底失敗。

他花了一些時間研究，才發現自己寫的東西讀起來像是公事備忘錄。他太過熟悉那種溝通方式，以致於辦公氣息滲入了他所有的作品。他必須重新訓練自己以作家的方式寫作，而不是以企業員工的心態書寫東西。

另一項需要考量的事情是，你打算怎麼踏進去？你要一頭栽進去？還是先試試水溫再說？你可以維持原有工作，同時展開新的嘗試，雅思敏•赫萊爾在推動「教育我」計畫時，就是如此。或許你需要完全放下現有的一切，就像拉邦一家人在結束一切後踏上旅程一樣。有許多因素要考量，而你現在可能已經知道要考慮哪些因素了：你對於這項改變是否感到自在、你的財務安全網是否夠穩固、你有沒有家人與朋友的支持當做靠山、你想要完全投入旅程的心有多麼急切。

最後，對於可以預見的挑戰，你要做好應戰計畫（至於無法預見的挑戰，就只好見招拆招了）。你要如何面對別人的批評？你要怎麼度過財務難關？當你第一次遇到阻礙時，你會怎麼處理？

如你所見，有許多變動的因素牽涉其中。本書所列舉的每個例子都指出同一個重點：「追尋天賦的路不只有一條」。人生並不是直線發展的，而是不斷變動。

在你看清自己的立足點，並尋找自己的目的地之際，請思考幾個最後的問題：

- 你承擔風險的能力有多強？
- 你需要面對的最大障礙是什麼？
- 要克服這個障礙，你需要做些什麼？
- 假如你克服這個障礙，會發生什麼事？
- 假如你無法克服這個障礙，又會發生什麼事？
- 你最在乎的人會支持你、還是反對你？

- 你要如何知道他們的反應？
- 你做好心理準備了嗎？

第八章

你的族人在哪裡？

找到族人，也就是擁有相同興趣與熱情的人，
可以提供肯定、引導、合作與啟發。
你可以透過網路、參與活動、加入志工等方式，
找到他們。

世界上沒有哪個人和你完全相同，也沒有任何人擁有和你一樣的人生。不過，這世上可能存在著許多和你有相同興趣與熱情的人。找出自己所屬的世界——你喜歡的文化與其他同好——也是歸屬天命的一部分。在本章中，我們將探討族人與追尋天賦的關係，並提出方法，幫助你找到你的族人，同時與他們連結。

族人是什麼？**族人就是一群擁有相同興趣與熱情的人**。這個族群可大可小。族人可能是虛擬的、存在於社交媒體，或是真實的個體。族人的屬性非常多元，可能跨越世代與文化，也可能超越時空的限制——有些先人的人格與成就流傳下來，仍然可以啟發後人。你可能同時屬於多個不同的族群，或是在人生的不同階段歸屬於不同的族群。因此，成為族人的唯一條件，就是擁有共同的熱情。

結交有相同天命的族人，對你們整個族群都有極大的好處，其中包括肯定、引導、合作與啟發。我們稍後將會透過各種例子與練習逐一討論。我們先看一個非常有趣又充滿矛盾的例子。

當戴爾・道格提（Dale Dougherty）決定要針對一群長時間躲在地下室或車庫裡的人發行雜誌時，他非常了解族人所能產生的強大影響力。而他所發行的《製造》雜誌（*Make*），瞄準的就是發明家與改造家這個族群。

道格提對我說：「在雜誌草創時，我們只是想了解人們是怎麼使用Google來達成他們的目的。我當時對數位錄放影機TiVo的改造非常感興趣，有許多人會把他們的機器拆開，升級功能。於是我開始尋找其他類似的東西，並且發現了一個隨著科技的演進而成長的世代，這個世代的人喜歡接觸並了解科技。我想，我可以辦一份與科技應用有關的雜誌。在很多方面，這本雜誌有點像是五〇年代的《普及機械》（*Popular Mechanics*）和《普及科學》（*Popular Science*）雜誌的變身。我覺得這種東西在我們的文化裡消失了好一段時間。」

《製造》雜誌很快就找到了它的族人。截至目前為止，這份季刊已經發行了三十多期，在網路上非常活躍，而且引領了所謂的「自造者運動」（maker movement），也就是科技導向的ＤＩＹ（自己動手做）次文化。

「《製造》雜誌背後的理念是，人們想要控制科技，而且希望運用科技來創造量身訂做的功能。有時候，人們會做出完全創新的產品，有時候，則創造出純粹實用性的東西。把所有一切結合在一起的，是一種參與感。這是人們自我展現的方式之一。當你做出某個東西，你可以與別人分享；別人會發現你的存在，你也會發現別人的存在。」

這種透過創新發明的作品尋找並認識彼此的做法，後來衍生出「自造者市集」（Maker Faire）。這個自稱為「全世界最大的ＤＩＹ節慶」吸引了世界各地的發明家與創新家，他們來到這裡展示自己的作品，欣賞別人的作品，同時沉浸在創造力無國界的氛圍裡。在北加州、紐約和底特律有旗艦級的自造者市集，而在北美地區各地的城市，則有小型市集。澳洲也在二〇一二年一月舉辦了第一屆的自造者市集。遍地開花的結果是參觀人數暴增：二〇一一年在加州舉辦的市集，就吸引了七萬民眾前往參觀。

但是自造者運動所創造出來的社群，遠超出《製造》雜誌或是自造者市集的範疇。網路上隨處都可以找到人們展示自家發明的影片，或是將現有產品功能升級或改變用途的影片。「孩子們把他們所做的東西視為某種個人表達的形式，」道格提說，「他們可以把作品的製作過程或是使用方式拍成影片，放到網路上。我認為人們自己動手製作這些東西，不是為了省錢，而是為了尋求意義。重要的不只是最終的結果，還有過程；你用自己的方式製作東西，並且創造了價值。」

有趣的地方在於，這個社群很大，而且凝聚力很強，但是其中的成員卻往往將自己視為社會的邊緣人。道格提說：「我最近參加了一個創業家會議，聽到很多人說，他們認為自己是局外人，自己的力量有很大的部分來自主流體系之外，而他們也不想進入主流體系。對我來說，自造者所擁有的能量與興趣都處在社會的邊緣，而不是中心。因此，我認為比較有趣的做法是，不斷把邊緣向外推，看看那裡有些什麼東西。」

族群的文化

你的天命不一定就是你謀生的職業。有些人無法靠自己熱愛的事謀生，而有些人則是不想。例如，許多投身於自造者運動的人，只想把這個天命當做純粹興趣。假如你考慮靠天命謀生，那麼你必須記住，你不但要熱愛你所做的事，還要喜歡這個族群的文化以及其他族人。

當我二十多歲、還是個學生時，我熱愛擔任話劇的導演，而且做得相當不錯。有些朋友認為我將來應該會朝劇場界發展。我卻不這麼認為。我喜歡導戲，但是從來不覺得劇場界的生活適合我。我喜愛、也欣賞表演者與其他的導演，但是那種生活型態的節奏與互動關係，並沒有讓我產生共鳴。

我先前說過，在我很小的時候，我父親就認為，我是個天生的足球員，長大後甚至可能加入我們家鄉的足球隊艾佛頓隊（Everton）。結果，他對我的預期沒有成真，反倒是我最小的弟弟尼爾實現了這個預言。

尼爾和我的另一個兄弟約翰在青少年時期就到球隊去見習，事實證明，他們兩人都是非常有天分的足球員。尼爾後來加入了職業足球隊。然而，同樣有天分的約翰卻沒有這麼做，因為他不喜歡職業足球界的文化。他仍然是職業足球賽的忠實粉絲，而且曾經多年在職業足球界以外的領域繼續踢球並且擔任教練。但是他對見習生生活的特殊節奏與規矩不是那麼認同，反而比較喜歡與人互動，而且一直對營養與飲食非常感興趣。

他們兩個人從十多歲開始，就決定要做全素食主義者——我小時候曾經嘗試向高級廚藝挑戰，料理了一道完全無法入口的巨大兔肉派，這對他們決定成為素食者可說是厥功甚偉。順帶一提，尼爾的素食堅持，也與職業足球界的主流文化有很大的衝突。族群的一切不可能事事都讓你滿意，但是你們之間的契合度必須要夠高，足以讓你甘願做、歡喜受。

你覺得誰是你的族人？什麼樣的社群會吸引你？你和他們之間有哪些共通點？請透過下一個練習來探索這些問題。

練習十三：想像你的族人

製作一個願景板，把吸引你的人與族群列在上面：

- 對於你的天命，你會聯想到哪些人？
- 這些人有哪些部分是讓你覺得有趣的？

- 他們是否讓你聯想到某個性格類型？
- 或者，吸引你的是他們所做的事？
- 族群的哪些部分是你覺得非常重要的？
- 是好玩、幽默、志同道合、戲謔的感覺嗎？
- 是上述類似的其他特性，或是另一類截然不同的特性？

肯定：一起成長

人是有機體，其他有機生命的許多互動模式也同樣適用於我們身上。舉例來說，有時候把不同種類的植物放在一起，它們會長得更好。在園藝界，這種現象稱為「共生種植」（companion planting）。傑弗瑞・米尼許（Jeffrey S. Minnich）在《花卉與花園》（*Flower and Garden*）雜誌裡的一篇文章中解釋說：「植物和人一樣，會以許多方式和彼此相處。有時候，兩種不同的植物放在一起會長得很好。有時候，它們會處不來。還有些時候，植物會幫助彼此長得更好。」

同理，儘管族群的成員形形色色，各有不同，他們仍然可以幫助彼此成長茁壯。找到族人，可以有力驗證你自身的興趣與熱情。它確認和強化你對追尋天賦的決心，同時可以消除在沒有這種連結下可能會產生的孤寂感。當你與不對的族人在一起時，你會發現自己開始枯萎凋零，全身的精力彷彿被抽掉了一樣。娜洛莉・馬金（Neroli Makim）就是一個很好的例證。她必須遠離某一個族群，尋找另一種可以讓她的天賦開花結果的文化。

你待在原來的地方，不一定會找到你的天命；有時候，你必須踏上離鄉遠行的路。對娜洛莉而言，這條路從澳洲的一個牧場開始。

她說：「我生長在一個非常偏遠的地方，我們沒有一般人擁有的東西。我們沒有電視，在早期也沒有電力可用，我們的柴油發電機到晚上會關掉。附近的路況非常惡劣，一年之中，可能有三個月聯外道路都不通。這代表我們必須非常有創造力，因為我們得不到外來的刺激；我們只能運用自己的想像力。我發現我時常用畫圖來打發時間，然後寫一些搭配圖畫的故事。」

後來，娜洛莉更進一步接近文明世界。她到寄宿學校就讀，然後上了大學。有趣的是，不論她走了多遠、認識了多少人，她始終覺得，畫畫、寫作以及其他早期與外界隔絕時自行發展出來的創作方式，最令她感興趣。其實，娜洛莉很早就發現自己的天命，只不過她必須先嘗試許多其他的選項，才能得到這個領悟。

「在頭幾年，上學很好玩。我從小在家自學，直到十二歲才離家。我到寄宿學校時，第一次和一大群同年齡的小孩相處。那是個很新奇的經驗。不過，我很快就發現到，學校是一個『壓迫性體制』。畢業後，我曾經嘗試朝九晚五的工作，我真的覺得那種工作會要了我的命。我寧可跳河尋短，也不想過那種生活。我從來就受不了有太多規定的環境。我需要在沒有約束的環境裡，做我愛做的事。」

娜洛莉後來發現，她的天命就是創造力本身，與世人分享她的作品就是她人生的志向。她創立了一家公司，名為「你的創意成功」（Your Creative Success），同時出版了一本名為《你的內在覺知》（*Your Inner Knowing: Unlocking the Secrets to Creative Success*）的書。她的畫作與雕塑作品曾經到世界各地展覽，她時常以創造力為主題到處演講。

這份工作並不是一切都合娜洛莉的意——盡如人意的工作應該很少——但是她喜歡的部分遠比不喜歡的部分還要多。「感覺對的部分，真的遠遠比感覺不對的部分多。現在不論我做什麼，我都覺得自己所做的事情非常重要。對我來說，這些事情既重要、又有趣。當我做其他的工作時，我會感到渾身不對勁，因為我所做的事對我沒有意義。我沒有受到任何啟發、也不相信它的價值。」

先試看看

我先前說過，在真正歸屬於天命之前，你要先確定的事情之一，就是你喜歡這樣的生活方式。你可以透過「先試看看」，來了解自己是不是真的能夠在那個世界裡長久生活。當你花時間與其他同好前輩相處時，你覺得自己是更加興奮、還是興奮感逐漸消退？你是否發現了任何你從來沒有想過（而你不是很喜歡）的負面包袱？還是反過來，你看見了自己從未思考過的機會，使得你對於加入這個族群甚至更加興奮？找到你歸屬的族群，同時成為其中的一部分，可以讓你把自己的天命看得更加透澈。

克雷格・德威爾（Craig Dwyer）需要長途跋涉，才能夠找到他的族人：從多倫多到日本，從金融界到教育界。「我原本在銀行的金融服務部門工作，處理貸款、共同基金、信貸額度這類的事情，」他對我說。「我並不討厭這份工作或是我的老闆。他們對我很好，付的薪水也很不錯，而且我過著優渥的生活。但是我總覺得少了什麼。我不能發揮創造力，做我喜歡做的事。我發現我的生活真的很無聊。我是需要全心投入工作的那種人，而我卻無法全心投入銀行的工作。我只是負責填寫表格，而且不太需要和別人打交道。我每個星期和別人開兩、三次會，其他的時間都在做書面工作。我把資料輸入電腦，送出去，然後等著系統自動回覆。」

有一天晚上，克雷格正在看一部日本電影，他突然靈光一閃，腦海浮現到日本生活的想法，於是他開始尋找日本的工作機會。他看到了一則徵求英文助教的求才廣告，於是立刻寫信應徵，雖然他不曾上過任何師資訓練的課程。他在日本舉目無親，而且對教書毫無概念，但是他就是覺得這是他該做的事。

「我到一個小學當英文助教。學校有時候會讓我發揮創意，其他的時候，我就按照他們的要求做事。有一次，有一個老師指派一個活動給我，我在體育館裡布置了一個市場，就像日本的廟會一樣。孩子們玩得非常開心，而那位老師告訴我，我們必須再多辦一些這樣的活動。他是第一個鼓勵我要創新、不要死板按照課本教書的人。於是，我開始對教書產生了興趣。」

克雷格後來在日本結了婚、建立家庭。此時的他對教書非常感興趣，於是他決定要取得教師資格。他回到加拿大，到多倫多大學上課，然後再回到日本。此時他意識到，自己的天命不只是教書，而且是在日本教書。

「第一次到日本，大幅改變了生活方式。我放棄了非常穩定而且『錢』途光明的高薪工作；但我並不熱愛那份工作。我認為，我對教書的熱情最終會幫助我得到我先前的那種優渥生活。我不只是教書，還做很多其他的事情。我和其他人一同設計教學計畫與教材。當你踏入一個領域後，許多選項就自動跑出來了，而且你有許多途徑可走。教育的範圍比教書大太多了。」

在克雷格的例子中，他必須大老遠跑到異鄉，以確認自己的天命。但事實上，他的天命一直在等他發現它。就和娜洛莉一樣，他小時候就接觸了自己的天命。「我小時候很愛玩雪板。我們以前住在多倫多的雪板運動場附近。我會在那裡教人滑雪板，因為這樣他們就會給我一張全季免費入場證。我每個週末都會去那裡教小孩滑雪板，而我很喜歡那份工作。我從來沒想過要把這些事情串起來，然後考慮以教書為業。現在回想起來，那段期間是我人生中一段最快樂的時光。當我回頭看那段歲月，我發現自己現在運用了很多我當時就已經在使用的教學技巧。」

引導：了解你所走的道路

你的族人有時候是你的導師。我兒子詹姆士在十三歲時，開始對佛教產生興趣。所有找得到的相關書籍，他都讀過了。他研習八正道的修行方法與戒律，每天禪坐好幾次。他收集佛像，並且在房間裡布置了一個小佛壇，每天都在這佛壇前修行。同時，他也熱愛籃球、音樂和其他青少年喜愛的活動。

幾個月後，詹姆士問我們，我們家附近有沒有佛寺，他想要去看看。我們當時住在距離莎士比亞故居史特拉福（Stratford-on-Avon）大約六公里的一個偏遠鄉間小屋。那個地區有許多觀光景點，許多來自世界各地的遊客會前來觀光，但是他們的目的不是為了參訪佛寺。想要參訪佛寺的人會去泰國，而不是來我們這裡，我覺得在我們家附近找到佛寺的機率微乎其微。不過，還真的讓我們找到了。

就在離我們家不遠處，真的有一座經過精心修復的老農舍，躲藏在一條綠蔭小巷的深處，這個佛寺與我們家直線相距大約三公里，若走蜿蜒的鄉間小徑，要走六公里的路。我們時常經過這扇木製大門，而且非常好奇裡面到底是個什麼樣的世界。結果，我們發現那裡是個名為「寂靜禪林」（Forest Hermitage）的佛寺，是南傳上座部佛教（Theravada Buddhism）在英國的佛教中心。

詹姆士和我去拜訪了佛寺的住持阿姜・珂嘛達摩（Ajahn Khemadhammo），他是一位和善而有見地的英國人，擔任佛教界的領袖已經三十多年。這個佛寺每個星期會舉辦對外開放的禪修會，他邀請詹姆士前去參加。於是，詹姆士開始每個星期兩天去那裡參加禪修會，一直到我們從英國遷居到加州為止。

某一天下午，詹姆士第一次用巴利語受戒，我和泰芮坐在佛寺的後院等他。詹姆士後來成為虔誠的佛教徒。如果不是因為詹姆士的要求，我們絕對不會發現這個佛寺的存在。假使沒有住持的邀請，詹姆士也不會對佛教產生這麼深的興趣。詹姆士受到了法師的精神感召，正足以說明族人可以產生強大的力量，以驗證和啟發個人的追尋，並且提供引導與支持。我們會發現佛寺，也是一個很好的例證，說明了只要你用心去找，資源就有可能在最不可能找到的地方現身。

合作：給予支持

只要興趣產生交集，族人就會出現。有時候，這些族人可以做為基礎和支持系統。馬修與其他菲律賓魔術師同好之間的關係，就是如此。而有時候，以自造者為例，族群扮演的是接觸點，是大家分享共同興趣的管道，成員之間不會試圖去影響彼此。族人共同合作，可以創造出比個人單打獨鬥的總合更高的成就，因為他們會激發彼此的創造力與可能性。在《讓天賦自由》中，我們稱之為「點石成金的綜合效益」。

你需要全力以赴、下定決心，並且具備敏銳的自我覺知力，才可能歸屬於天命。要長期保有這種能量與受到激勵的心，不斷向前推進，有時候會很困難。因此，族群可以發揮的功能之一，就是提供支持與同儕審查。當金柏莉・史百歐（Kimberley Spire-Oh）決定推出一種極為專門的法律服務時，她就體會了這個道理。

被診斷出注意力缺陷過動症（ADHD），可能會對你的事業發展方向產生極大的影響。以金柏莉的例子來說，這個問題有時甚至會影響母親的事業發展方向。當金柏莉的兒子被學校認定為「身心障礙」時，她就經歷了這樣的情況。

在那之前，金柏莉在法律界工作得很無奈。她告訴我：「我在一九九一年進入法學院就讀，但因找不到自己真正想做的事，於是開始在法律事務所工作。但是我覺得這份工作並不適合我。雖然學校訓練我要為大企業服務，但我總是在尋找社工方面的工作。有時我甚至會去應徵所謂『大材小用』的職位。有時候，我得到的工作並不是對方原本設定的職位，因為當他們見到我、了解我之後，覺得我的技能正好是他們的組織所需要的，但是他們從沒想過要設立這樣的職位。這種情況對我比較有利，因為我的興趣非常廣泛，而且我的職業生涯並不是以線性發展。也許我尋找的工作在這世上還不是很常見。我還一直在尋尋覓覓。」

然而，當她兒子的學校開始干預他兒子的命運時，一切都改變了。校方原本認為，金柏莉的兒子是難以適應主流教育方式的聰明學生。金柏莉知道她兒子很聰明，所以她能夠諒解校方的這項評估。但是，學校的態度突然發生轉變。他們後來認為，金柏莉的兒子不但有ＡＤＨＤ，而且有感官調節異常和語言的問題。這項認定，將大大改變她兒子受教育的方式與上學環境。金柏莉完全不能接受。突然間，她過去受的法律訓練派上了用場。

「我必須為我兒子向學校爭取權益。一開始，我以為學校知道該如何處理所有的情況，但後來發現，他們根本不了解我兒子，我必須為我兒子發聲，要求學校提供我兒子所需要的協助。於是，我開始研究特殊教育法。就在我居住的佛羅里達州南部，這裡的教育體系沒有做到該做的事，所以我要起身對抗，我要尋求協助。」

金柏莉認為自己可以改變兒子的處境，讓他得到所需要的教育。同時，她找到了一種從未感受過的工作動力與熱情。

「我愈是努力幫我兒子發聲，就有愈多人給我鼓勵，——這些鼓勵來自我兒子的醫師以及其他的家長——他們說，『你是律師，你應該這麼做。』我認為這份工作非常適合我。」

金柏莉成立了自己的法律事務所。在與兒子的學校發生意見不合的情況之前，她已經完全放棄當律師，在一家法律書籍出版社工作。她也考慮過要自己開業，但又覺得可能做不起來，因為她缺乏法庭經驗。當她開始為兒子爭取權益時，前方出現了一線曙光，再加上有一位女性友人說服她，她已經具備了所有的必要技能，這位友人後來成了她的合夥人。雖然這位合夥人也處理消費糾紛與民事訴訟，但她的業務主要集中在特殊教育法與殘障福利法，以及為這個領域的人爭取權益。

「這個領域裡有一些人正在做這樣的事，但其中許多人和我一樣，是身心障礙兒童的家長。他們對於自己的處境非常氣憤，而且不想透過調停的方式來處理。我想，我可以提供他們所欠缺的東西。我不只處理法律訴訟，也與非營利組織合作，為其他的家長上課。我想要教育其他家長，這樣他們才不會以為學校一定會為他們設想，然後乖乖等候學校發落。他們其實有能力為自己的孩子爭取權益，讓學校配合孩子的需求。這件事對我來說極為重要，而我覺得我過去的各種歷練，讓我具備了做好這份工作的專業能力。當我處理事情時，我會竭盡全力為客戶爭取他們需要的東西，但我是從協調者的角度出發，我所採取的解決問題觀點，讓我和其他律師與眾不同，也讓我的工作很有成效。」

但是金柏莉能夠得到成功與成長，最大的關鍵在於，她與一個非常專業的族群連上了線：已經在這個領域工作的其他律師。這個族群提供的協助，遠超出她的預期。

「我很訝異會有這麼多人願意幫助我、回答我的問題，即使我覺得他們應該把我視為競爭者。在嘗試助人的領域中，這種情況似乎尤其如此；他們希望有更多人能夠站出來幫助其他人。他們會盡一切努力幫助你成功。那些專攻特殊教育的律師真的很棒。」

這是我時常從找到族群的人那裡聽到的話，尤其是在某些專門或冷門的領域裡。看到有共同理想的人（即使他們可能會爭取同一批客源）互相幫助，令人深受激勵。這是族群最可貴的特質之一：他們對夢想的熱愛往往高過保護地盤的本能。就金柏莉的例子而言，這個領域的法律需求大於供應，所以族人彼此幫助對大家都有好處。

當克莉絲・博德（Chris Bird）突然間發現自己必須重回職場時，她就感受到族群合作的力量。克莉絲曾在廣告業工作十八年，最近剛生一個女兒。她原本計畫從此當個丹佛郊區的全職媽媽，但是她的丈夫突然生了重病，打亂她的規畫。照顧家人的重擔，她責無旁貸，於是她去找職業諮商師尋求建議。她喜歡寫作、科技與設計，這些都是她在廣告業一直在用的技能，因此，她希望能靠這些能力賺錢養家。諮商師建議她可以考慮進入社交媒體的領域，尤其是寫部落格。在那之前，克莉絲從來沒想過這個選項，但她現在覺得這個建議非常有道理，於是就成立一個媽媽部落格。她很快就發現，部落格若要經營成功，她必須要建立自己的社群。

「我開始搜尋媽媽部落格的網絡，」她對我說。「然後找到了『高空媽媽』（Mile High Mamas），這是《丹佛郵報》（*Denver Post*）建立的線上網絡。他們會舉辦地方性的活動，讓有同好的部落客可以齊聚一堂，推動當地的經濟活動。我就在這樣的活動上認識了其他的媽媽，這些媽媽就和我一樣，想要在家帶孩子，但同時希望用自己的才能做一些事。」

從此，克莉絲開始與她的族人連結，其中一人就是芭比・里柯斯（Barb Likos）。芭比經營了好幾個在混沌通訊（Chaotic Communications）之下架構的網站，而且打從部落格問世以來，就一直在經營部落格。克莉絲說：「她在HTML的時代就在做這樣的事了。」在社交媒體世界，HTML時代相當於人類的石器時代。

克莉絲想要自己在家裡教小孩，而芭比曾經當過老師，而且也在家自己教小孩讀書。她們兩個人講了很久的電話，話題最後聊到部落格，芭比開始談起她的理念，而克莉絲很快就意識到，她找到了自己最需要的良師。

「芭比參加了一個名叫『媽媽向前衝』（Mom It Forward）的團體。這個團體成立的宗旨，是幫助媽媽發展事業並互相支持。芭比非常投入社交媒體，她告訴我，我可以隨時打電話給她。她說，她的原則是分享她所知道的一切，因為彼此分享可以讓所有的人都受惠。」

克莉絲透過「高空媽媽」找到了她需要的良師芭比，在芭比的引導下，她的事業從部落格逐漸發展為多元的社交媒體。克莉絲現在經營一家「博德班特媒體公司」（BirdBanter Media），為客戶解決社交媒體方面的問題。

另外，她的部落格也有進展，因為她發現，她可以把教養子女的熱情與對旅行的熱愛結合起來。她的機師丈夫現在已經恢復健康，這對情況也有幫助。克莉絲也經常在TravelingMom.com張貼文章。

就在同時，克莉絲仍然與她的族人保持密切的連結。「芭比想要在臉書（Facebook）上成立一個由她認識並且信任的媽媽部落客組成的社團，這樣她就可以和我們分享她的知識，而我們也可以回饋我們所知道的事情。這是一個很棒的社團，我們分享一切。我們分享彼此所寫的東西、討論媒體這個行業、向公關公司提案的方式、聊軟體，以及互相提供技術支援和情感支持。在這個社團中，我們可以即時互相連結，幫彼此的事業推銷——我們稱之為『貼文仲介』。我們會討論收費標準，分享公關消息、可能的工作機會，並且共享彼此的人脈。另外，我們會相約讓小孩一起玩，安排媽媽外出狂歡夜。我們容許不同的意見，但仍然尊重彼此，因為這是一個很安全的地方。」

克莉絲至今仍然不斷向她的良師學習寶貴的知識與經驗，而她的「媽媽創業家」族人也持續成長，同時幫助彼此成長。

啟發：提高標準

尋找族人會是重大的靈感來源。看到其他同好的成就，可以促使你更進一步向外拓展自己的邊界，提高夢想的標準。族群有助於增進每個族人的表現，新北歐料理（New Nordic Cuisine）運動就是一個很好的例子，這個運動最早從北歐開始，現在已遍及全世界。

長久以來，北歐地區一直有許多很好的餐廳。這個區域擁有深厚而獨特的廚藝傳統，但它一直對世界的飲食文化沒有產生太大的影響。當知名主廚兼餐館老闆克勞斯・梅雅（Claus Meyer）集結一群北歐廚師發表「新北歐廚房宣言」時，這個情況開始改變。

這項宣言是這麼起頭的：「身為北歐廚師，我們認為創造新北歐廚房的時代已經來臨。北歐料理獨有的美味與特色，與全世界最偉大的廚房相較，毫不遜色。」對已經擁有高成就的北歐廚師而言，這項宣言設立了幾個特別的標準，從提高對食材新鮮度與季節性的要求，到提倡動物福利以及開發「傳統北歐食品的創新應用」全部涵括在內。

這項宣言凝聚了北歐各地的廚師，其中最有名的就是丹麥廚師雷奈・瑞哲皮（Rene Redzepi）。梅雅與瑞哲皮合開了一間名為諾瑪（Noma）的哥本哈根餐廳，這家餐廳在二○一○與二○一一年都被評選為聖沛黎洛全球五十大最佳餐廳（San Pellegrino World's Best Restaurant）的冠軍（譯注：它在二○一二年再度贏得冠軍），是新北歐廚房運動最受矚目的會場。這個族群在北歐地區將料理朝各個方向拓展，並且激勵彼此不斷創新。雖然這些族群的成員在許多方面都鎖定相同的顧客，但他們似乎也意識到，可以透過彼此支持，共同創造一個更大的東西。而事實的確也是如此。哥本哈根現在已經成為全世界美食旅遊團最熱門的目的地之一。

在最近一次的「瘋狂食物營」（MAD Foodcamp）中，許多明星廚師——其中有許多人在同一個城市經營高檔餐廳，互相競爭——共同參加了一場關於新北歐廚藝的座談會，彼此交換技術與理念。當全世界的廚師紛紛投入這個運動之際，這個族群也隨之不斷成長。

不論你投入哪個領域，尋得族人都會為你帶來許多好處。北歐廚藝和懸疑驚悚小說這兩個世界好像天差地別，事實也確實如此，但是族人的連結力量卻同樣強大。伊森・克羅斯（Ethan Cross）現在是全球知名的推理小說暢銷作家，他寫過《牧者》（*The Shepherd*）、《先知》（*The Prophet*）和《牢籠》（*The Cage*）等小說。然而，就在幾年前，當他走進在曼哈頓舉辦的「國際驚悚作家節」（International Thriller Writers' ThrillerFest）會場時，他並不確定自己能不能靠寫作維生。不過，他當場馬上知道，這個族群是他的家人。

「坐在會場裡，向那些銷量高達數十萬、甚至是數百萬冊的暢銷書作家學習，真的很不可思議，」他這麼對我說。「當我開始寫小說時，我發現了一件事，那就是在推理小說寫作的世界裡，存在著學校寫作課沒有教的許多潛規則——什麼事應該避免，而怎麼做才可以更加吸引讀者等等。在國際驚悚作家節，我學到很多可以應用的東西，這立刻讓我對自己更有信心。」

伊森參加了一堂由兩位頗受敬重的作家所主持的座談會，座談會主題是關於如何向版權代理提案。這對伊森無比重要，因為他隔天就要和幾位版權代理會面。他新認識的族人提供協助。「那天晚上舉行的是一場雞尾酒派對，所有有抱負的作家都在那裡，他們互相練習如何為自己的下一本作品進行提案。」這個提案練習讓伊森受用無窮，透過這個練習，他對自己更加肯定，也更加確信自己確實有寫作的天分。

次日是國際驚悚作家節的提案活動日。「它基本上就像是與不同版權代理的極速約會。在那個大房間裡，許多版權代理坐在桌子的一頭，而你排隊準備向他們提案。你有三分鐘的提案時間，時間一到，你就得站起來，到下一張桌子去，就算你只講到一半也得離開。如果版代喜歡你的提案，他會請你寄東西給他看。」結果，有幾位版代對伊森的作品感興趣。

伊森得到的最大肯定，發生在這場活動結束後。

在驚悚作家節，伊森初次遇見了幾位頗具知名度的作家，他們請他把小說的一章寄給他們看，以便提供意見。伊森得到的回饋非常寶貴，但更珍貴的是，這些作家對他如此重視——把他當作一個「真正的」小說家。

美國與歐洲讀者的讚譽也印證了那些作家的評價。《牧者》在美國和英國都登上暢銷書排行榜，並且被翻譯成六、七國語言。然而，伊森第一次確信自己正在做該做的事，這份信心來自國際驚悚作家節的族人。

尋找你的族人

假如你還沒找到你的族人，你該怎麼做才能找到他們呢？以下是幾個實用的方法。

●運用網路

網際網路已經發展為人類歷史上最全面、互動性最強的溝通方式。它提供前所未見的機會，讓你可以與其他同好連結。當然，你應該隨時提醒自己，透過網路建立的關係可能會有風險，要小心行事。儘管如此，只要以創意和目標明確的方式加以運用，就可以從網路得到無數的消息與資訊，協助你找到其他的同好，並與他們連結。

把太多時間花在社交媒體上，可能會有一些缺點。「推特」（Twitter）的英文和「浪費」（fritter）押韻，這也不算錯。但是社交媒體是尋找其他同好的絕佳工具。例如，你只要在臉書輸入「演講」二字，就會發現有數十萬名會員把它列為興趣。進一步點閱後，你很可能會發現，周遭有幾個朋友和同事也屬於這個族群。只要按個「讚」，你立刻就成為這個社群的一份子了。

同樣的，你只要在推特輸入「#演講」，就可以找到一大堆推文和一大堆會員，然後你們就可以彼此追蹤訊息。這是否表示你已經成為這個族群的一份子？不完全是。但這至少表示你已經開始與一個同好社群連結。

搜尋引擎也可以幫助你找到你的族人。只要在Google輸入「演講」二字，你會得到超過兩千五百萬筆搜尋結果（以英文網頁而言）。你當然不可能把所有的資料都看過一遍——反正大家都知道，前五十萬筆以後的資訊都是多餘的——不過，只要點閱前幾頁的資料，就可能會發現一些有趣的東西：某些組織機構、會議、課程與講師。然後再深入尋找與你的興趣相近的部落格、粉絲團、協會社團與線上社群。

當然，你可能會發現，你的族人遍布世界各地。在早期，這可能是個問題，但現在已不是問題，你應該善用這項事實。

你可以透過線上社群與虛擬團體，得到重大的確認與啟發。假如你在輸入「演講」時加入你的居住地名，你可能會找到即刻就可以聯繫的族人。

如此一來，你就可以脫離族群虛擬的世界，進入真實的世界裡。

●現身

尋找你可以親自造訪與參與的團體與協會。儘管線上社群可能非常重要與珍貴，但親自與同好碰面，可以產生不同層次的能量與連結。

你可以試著尋找特定主題的活動或大會，那裡可能會有演講人、工作坊領導人，以及提供聯絡和交談焦點的展覽。也許你家附近就有定期聚會的社團，也許幾個星期內就有場座談會。透過這種方式，你可以找到與你有共同話題、熱愛相同事物、追求共同目標的人。

我們曾為本書訪問一些人，其中有些人跟我們說，他們完全不知道外面的世界有許多同好團體。當你接觸這些團體後，你的人生可能從此變得不同。

●參與

你可以考慮報名短期課程或工作坊。在大多數國家，各種教育機構都會提供短期計畫、週末或夜間課程，以及其他對外開放的演講、課程與活動。了解一下在你居住的地區，有哪些人開了哪些課，然後挑你有興趣的去報名。請你記住，投入並嘗試，並不表示你已經被限制在某個領域中。你可以自由選擇參加或不參加。重點在於，以開放的心態與批判的思維來看待。

● 成為志工

在第五章，我曾說真正的快樂通常來自幫助他人。只要有人群的地方，就會有需要幫助的人，以及伸出援手的各種機構組織。這些機構組織針對各種不同的社會與個人需求提供援助，而且往往仰賴志工來執行工作。

這其實是互惠的關係。需要幫助的人透過你的援助而受惠，你透過幫助他人而拓展活動範圍與人際網絡。不變的原則是：你把握眼前的機會，同時為自己創造了新的契機。

● 見習

要進入你想加入的世界，其中一個方法是進去實習一段時間。許多機構組織現在都收實習生。假如你對某些機構組織收實習生的動機感到懷疑，你並沒有錯。過去幾年，各個機構組織的實習機會大幅增加，在有些情況中，這些實習生確實被當成免費勞工，而實習生的工作通常單調乏味而且重複性高。

在報名實習前，應該深入了解職務的細節與條件。只要澄清這些疑慮，想要體驗不同職業的工作環境與文化，短期實習會是一個好方法。假如你的年齡與情況合適，你應該認真考慮這個選項。

●尋覓良師

假如情況允許，你可以花一點時間找合格的人生教練（life coach）談一談。過去二十年來，這個提供實務諮詢與技巧的行業逐漸興起，幫助你釐清與達成人生的目標。從醫學到法律，不論是哪個專門行業，裡面都有優秀與不太優秀的執業人員，以及許多不同的體系。花一點時間尋找適合你的人生教練。上他們的網站或是找他們的著作來看看，了解一下是否有人推薦，以及顧客的意見回饋是什麼。如果你找到了適合你的人生教練，這可會讓你投入的時間和金錢值回票價。

●尋找自我

不論是轉換居住國家或職業、上網連結、親自參加同好聚會、上課、參加活動或是擔任志工，擴大活動範疇的價值，不僅僅在於直接獲得的經驗，還在於它所代表的契機——迎向新經驗與結識新朋友的契機。當你尋得天賦與同好之後，你也可以重新認識真正的自己。

基斯．羅賓森（Keith Robinson，和我沒有親戚關係）是動畫師兼插畫家，他在學校的成績一直很好，人緣也很好，直到國中三年級時，他開始被同學霸凌，情況從此改變。

他告訴我：「起先，我被班上的同學當作透明人，而這個情況很快就被學校裡的小惡霸發現了。在接下來幾年，我盡可能完全消失在校園裡。我的應對方法是，別人在遊戲場對我的戲弄辱罵，我都盡量一笑置之，否則，就盡可能不要出現在別人面前。我被迫努力反省自己，找出自己命運丕變的原因。我後來發現，過去的自信心使我成了一個惹人厭、自以為了不起而且愛炫耀的人。於是我決定，最好的解決方法就是保持安靜與謙虛，結果，我的成績從此一落千丈。」

當基斯正在學習如何因應新的處境時，他開始對藝術愈來愈感興趣——並在這個過程中找到他的族人。「學校的美術課是我的避難所。上美術課時，我的周遭是另外一群同學，既不是班上的同學、也不是那些小惡霸。在那裡，我可以變成另一個人（或者說，只是做我自己）。一段時間後，我在那裡找到了一群朋友，他們對我沒有偏見，甚至有點崇拜我，因為我很會畫畫。我後來發現，擅長畫畫的人在學校屬於一個特殊的族群，類似學校裡的運動健將這類的風雲人物（而我完全沒有運動細胞）。」

透過這個族群，基斯找到一個重新定義自己的方式，而且是不費吹灰之力就可以辦到的方式。後來，霸凌的情況終於停止，而透過美術課的族人，他的交友圈也變大了。「透過藝術，我找到了再造自己的方法。藝術是我最想進入的領域，它給了我所有青少年一直在尋找的東西：自我認同。」

接下來，基斯連結到一個甚至更大的族群。「我把進入藝術大學列為第一志願。這都要歸功於美術老師的鼓勵，我的美術老師認為我有天分，又有極大的熱情，而且他讓我看見，我可以靠藝術吃飯。他安排我到一家繪圖設計公司實習一個星期，這家公司是當地一所藝術大學的助教開的。這個經驗讓我大開眼界。這個工作室由穀倉改建而成，非常美，而且裡面沒有一個人穿西裝。最棒的是，每個人整天都拿著奇異筆在畫畫，然後展示自己的創作給別人看。」

「從那個時候開始，我就再也不想做其他的事情了。我愛上了藝術大學，藝術創作絕對是我的天命。那裡就像是創意魔鬼訓練營。我過去所認識與喜愛的藝術觀念，都被徹底打破，而且我在那裡學到如何從全新的角度來觀察與思考。我覺得我還沒學夠，而且我一輩子也學不夠。」

就和追尋天命一樣，在尋找族人的過程中，你不可能一開始就擬定完整的計畫。那是重點所在。尋找族人的過程不是直線發展，也無法預測結果。這是一個有機的動態歷程，你只能默默耕耘。

假如你做對了，你很可能會發現，自己的努力孕育出意想不到的新契機。

以下是幾個值得思考的問題：

- 你覺得哪些人和你的天命有關聯？
- 他們是否吸引你、讓你覺得感興趣？你知道自己為什麼感興趣嗎？
- 假如你找到自己的天命，你想要靠這天命謀生嗎？
- 如果是的話，你覺得這個領域的文化怎麼樣？
- 什麼樣的實用或進修課程會吸引你？
- 假如要用網路搜尋你的族人，你會用哪些關鍵字來搜尋？
- 你對於加入線上社群有什麼想法？
- 你對於親自參與並見面互動的團體有什麼想法？
- 你有興趣參加的團體或活動是什麼？
- 你心目中的教練或良師，應該具備哪些特質？

第九章

接下來呢？

人生並非線性發展，
有時要走下一步，
就要先回顧來時路，並傾聽內在的聲音。
你的起點無法決定你的最終走向，
你的人生可以擁有多種面貌，不斷演進。

認真閱讀本書之後，你現在應該認真思考過自己的天賦、熱情、態度以及現況了。那麼，接下來該往哪裡去？

在規劃接下來要走的路時，你要記住我論點裡的三個核心原則。

首先，你的人生是獨一無二的。你可以從別人的經驗學習，但你無法、也不應該試圖複製別人的經驗。

第二，你的人生是自己創造出來的，而且任由你改造。在改造人生之際，你最大的資產是你的想像力以及對可能性的掌握。

第三，你的人生是有機變動的，而非直線發展的。你無法規劃整個人生旅程，也無需如此。你只需要規劃接下來的幾步路就好。

有一個老笑話是這麼說的：有一個人開車經過鄉間，想要尋找某個村莊。他在半路停下來向一個當地人問路，這個人皺起眉頭並對他說：「如果我想要找那個村莊，我不會從這裡出發。」

假如你正在尋找你的天命，你必須從此時此地開始。只要你傾聽內心的聲音、順從你的能量，就會找到屬於你的道路。許多人一開始沿著某一條路向前走，但後來發展的方向卻和一開始的路徑截然不同。

向前走之前先回頭看

身為作者與演講者，我時常接到意想不到的邀約。二〇一一年，美國加拿大病理學會（the United States and Canadian Academy of Pathologists, USCAP）一百週年慶祝大會在德州聖安東尼奧（San Antonio）舉行，我受邀在大會中演講。我對病理學一竅不通，所幸，主辦單位非常清楚這一點。他們希望我針對創新與創造力進行演講，這個主題對病理學界以及任何一個領域都非常重要。

這是全世界最大的病理學家聚會，與會的專業人士將近四千人。對病理學會來說，邀請我這位不屬於這個專業領域的人來擔任大會主講人，是史上第一遭。他們決定邀請我，是因為規劃委員會認為，面對多變而無法預測的未來，創造力與發現自己的熱情，是挑選並訓練病理學家的重要條件。

邀請我到大會演講的人是傑弗瑞・邁爾斯（Jeffrey Myers）醫師，他在病理學界是一位頗具份量的領導者。在取得生物學學位與醫師資格後，他分別在華盛頓大學醫學院（Washington University School of Medicine）和阿拉巴馬大學（University of Alabama）任職。然後來到知名的梅約醫學院（Mayo Medical School）工作了兩年，帶領一個團隊推動創新。然後，他在二〇〇六年到密西根大學（University of Michigan），目前是該大學醫學創新中心

（Medical Innovation Center）的領導成員。他經常到世界各地的科學與醫學會議上演講，活躍於多個專業學會，曾在多種學術期刊上發表許多文章，並且因為在業界的傑出成就與貢獻而獲獎無數。

邁爾斯醫師還在就讀高中時，完全不知道自己會擁有這樣的人生。正值青少年階段的他，根本沒想到要在醫學界與病理學界發展事業。他當時最愛的是搖滾樂，打算將來組一個搖滾樂團。這個計畫的確實現了一段時間，他負責彈吉他並擔任主唱。他這麼做，一方面是因為他熱愛搖滾樂，另一方面是因為這為他填補了人生的空缺，他當時還沒有看到別的人生方向。他的學業成績非常優異，但他時常覺得提不起勁。

他告訴我，他「勉強算是『搖滾明星』，但絕對是找不到人生方向的青少年，我的成績很好，但是我的心思並不在學業上。假如你當時對我的同學或是一起玩搖滾樂的朋友說，我將來會在梅約醫院當醫生，他們一定會笑到搥牆。」

他後來覺得，自己在音樂界不可能有發展，於是決定申請到大學的生物系就讀。他後來進入了他熱愛的病理學界工作，並且在這個領域發揮了極大的影響力。

「假如我認真思考，我早期對病理學的熱情和我今天的成就有什麼關聯，我看到的是，以我的天命為出發點的各種緊密相關的經驗。待在梅約的十六年，我發現，把我對病理學的熱情，與在領導力和創新方面的機會結合起來，是我最大的心願！一九九二年，我開始負責領導管理的工作，並且擔任解剖病理學主席十年之久。我在那段期間犯了許多錯誤，並且學到教訓，我當時既莽撞，又沒耐心。就在那段期間，我開始積極推動重視病人安全與降低失誤的觀念。最後，我的心性終於定下來，並且能夠推動制度的改革，向醫師與病人提供直接提升醫療品質與經驗的做法。」

「十年後，我卸下解剖病理學主席的職務，接任創新工作團隊主席（Chair of the Innovation Work Group）一職，這個團隊的目標是『在羅徹斯特梅約醫院（Mayo Clinic Rochester）擴展文化和培育臨床創新環境』。我一直致力於目前的天命，一部分原因是希望能夠影響病理學界的未來，至少在這個地區能夠如此。在某種程度上，我一直在尋找下一個新趨勢，因為我始終無法滿足於現有的解決方法。只要能夠將診斷病理學與持續改善、卓越服務、醫療創新的機會結合起來，我都想投身其中！」

邁爾斯醫師的故事有個相當有意思的結尾，而且這個結尾與我們在聖安東尼奧的會面有關。就在我到USCAP大會演講的幾個月後，邁爾斯醫師去聽了搖滾吉他手傑夫・貝克（Jeff Beck）的演唱會。不久後，他就買了一把吉他，這與他擁有的前一把吉他相隔了三十七年。因為他突然明白，他沒有理由不正視青少年時代的召喚，於是他開車到吉他樂器行，買了一把藍調吉他之神艾力・克萊普頓專用的電吉他Stratocaster（又名「小黑」〔Blackie〕）和一個Marshall擴大機。

他對我說：「我所選擇的人生道路有一個好處，那就是我現在買得起學生時期不敢奢望的吉他和音響設備！」

他和另外兩個年齡相仿的部門同事組了一個樂團，演奏七〇與八〇年代的搖滾樂和藍調音樂，包括奶油合唱團（Cream）、林納史金納合唱團（Lynyrd Skynyrd）以及歐曼兄弟樂團（Allman Brothers）的歌曲。

「我們自稱為『渾然忘我』（Lost in Processing）樂團，我決定不再從醫學與音樂二選一了——因為我也許可以兩者兼顧。到目前為止，我發現玩音樂並不影響我的醫學工作，同時也發現，和學生時期相比，我的音樂造詣並沒有長進太多！」

邁爾斯的例子印證了一個道理：你可以擁有一個以上的天賦，而且同時熱愛此二者。它也告訴我們，有時候，向前進的下一步，其實就是回顧你以為已經離你很遠的那條路。我說過了，人生並不是直線發展的。

順從你的心

不論你的處境如何，你永遠都有選擇。如同本書提供的許多例子一樣，你目前可能正面對著最艱難的處境，但是，你永遠可以選擇從不同的角度來思考、感覺並採取行動。最重要的是採取行動——跨出下一步。在那之前，你必須先向內與向外檢視。你必須傾聽自己內在的聲音，以開放的心態，接受你的心為你指引的方向。

要知道自己是否已歸屬於天命，最清楚好的檢驗方法之一，就是檢視你的心是否時常覺得沉重。專業攝影師克里斯・喬登（Chris Jordan）曾經就是如此。他曾經從事企業律師的工作，那時候的他覺得自己「就像坐在那裡做一頁又一頁我最害怕的長除法習題」。他對我說，當他開始執業時，「突然領悟了一個可怕的事實。這個事實我以前可能就意識到了，但是當時不敢往下深究。」

諷刺的是，喬登是在就讀法學院時找到自己的天命。只不過他的天命並不是法律業。當時，他做了一個大多數人會做的決定——為了拿到學位，把夢想埋藏起來。「那個時候的我做了許多錯事、經歷了許多失敗，因此我希望向我自己以及周遭的人證明，我可以堅持到底。不過，我做了最糟糕的選擇。我當了十一年的企業律師，在這段時間裡，多數臨床憂鬱症狀我都有。打從一開始，這就和我的志趣不合。我不僅覺得自己對這個世界沒有任何貢獻，很多時候還覺得我所做的事違背了自己的原則。」

喬登的職業生涯雖然悲慘無比，但他的私人生活卻變得愈來愈有意義。他開始在夜晚和週末的時間探索大型相機的運用，並且對這個活動愈來愈感興趣。他把一些照片放在辦公室裡，他所屬的法律事務所還把他的攝影作品掛在會議室的牆上。

「每隔一段時間，就會有人到我的辦公室對我說，『克里斯，你為什麼在做這個？你可以當個很犀利的職業攝影師，為什麼還在當律師？』我聽了之後總是一笑置之，把這些話當成玩笑話，因為我很害怕冒險。」

但後來，喬登發現自己正在冒另一個更大的風險，這項領悟終於促使他離開了悄然的絕望所帶來的虛假慰藉。

「接近四十歲時，我開始擔心自己不曾真正活著。我擔心自己老了以後，會後悔自己沒有鼓起勇氣好好活一回。那種害怕的感覺，不像是堵在我前方的一面牆，倒像是有人用一隻巨大的牛仔靴，從後面狠狠踢了我的屁股一腳。我領悟到，假如我不勇敢接受生活裡的風險，我這一生注定是失敗的。在我上班的法律事務所裡，我看到了不少前車之鑑。這些同事坐在那裡，滿口抱怨自己的人生有多爛。我可以預見自己正朝著那個方向前進。我心想，假如我離開法律界，至少還有五成的成功機率。」

喬登在二〇〇二年底離開了法律事務所，他下定決心要在攝影界闖出一片天。為了展現破釜沉舟的決心，就算經歷失敗也無法夾著尾巴逃回法律界，喬登在二〇〇三年一月放棄了律師資格。從此，他們一家人靠著五歲兒子的大學基金過活（他心想應該可以在兒子真正上大學之前把這筆錢補回來），而他全心在他熱愛的攝影界闖蕩。

事實證明，這並不容易。用8×10吋的相機拍照，成本非常高——「每按一次快門，就花掉了二十五美元」——而其他的攝影器材也非常昂貴。到秋天時，他兒子的大學基金已經用完，而喬登的退休金也沒有讓他們撐太久，他太太的退休金在二〇〇四年夏天用罄。對於追尋天賦不那麼堅定的人，此時可能已經開始尋找律師助理的工作，或至少在星巴克兼個差。然而，喬登堅信自己快要看到成果了。

「我幾乎算是被打倒在地，而裁判已經數到二。但後來我突然接到一通電話，是洛杉磯的保羅・科佩金（Paul Kopeikin）打來的。他說他看過我的作品，問我近期會不會到洛杉磯去。結果我當天就訂了機位。」

科佩金非常喜愛喬登拍的照片，他希望能盡快展出喬登的攝影作品。結果，他們敲定在二〇〇五年二月展出。若不是喬登早已身無分文，這樣的等待時間其實並不算太長。

心知這樣的機會不可錯失，喬登和他太太去辦了好幾張信用卡。「我就是埋頭苦幹。我知道我的作品一定會有人欣賞，所以我一路往前衝。我搭飛機橫越美國領土，只為了拍一張手機的照片。到二月時，我們的卡債已經高達八萬美元。」

喬登的巨大財務缺口，終於透過科佩金安排的攝影展得到紓解。他在二月的那場展覽中賣出許多作品，收入足以還清所有卡債。然後，一家紐約的藝廊也展出喬登的作品，讓他的手頭終於有了一點錢。不過，他把大部分的錢捐了出去，用來救助卡崔娜颶風所造成的災情，以及出版一本紀錄紐奧良重建工作的書。

在作品銷售熱烈以及廣泛獲得藝評家的肯定後，喬登決定要順從他的直覺，把工作推往更有企圖心的方向。二〇〇六年秋天，他開始拍攝一系列「數大不是美」（Running the Numbers）的作品。喬登表示：「『數大不是美』系列作品從統計數字的冷峻角度來檢視當代的美國文化。每個影像都呈現出某個特定的數字：一千五百萬張辦公紙張（相當於五分鐘的用紙量）；十萬零六千個鋁罐（相當於三十秒的鋁罐使用量）等等。我只希望，透過影像所呈現的數字，能夠造成比單獨看數字更為震撼的效果。」

這些作品和喬登過去的所有作品截然不同，結果，喬登意外地發現，攝影圈的同好並不喜歡這些作品。「頭幾個看過這些相片的人，都給我很負面的評價。我最信任的老師之一說：『這不是攝影，更不是藝術。這是一條死胡同。』」

儘管如此，就像其他忠於天命的人一樣，喬登仍然相信自己的直覺。他把這些照片放上網路，這是他的作品第一次受到瘋狂傳播。二〇〇七年春天，他的網站已累積了數十萬次的點閱率，他必須請一位助理來幫忙回信。這個系列的作品改變了他的攝影風格，同時讓他接觸到更廣大的群眾。

「我已經養成一個習慣，會隨時留意自己是否安於拍攝某一類型的作品。當這樣的警報聲響起時，我就知道我該踏入下一個未知的領域了，因為這表示我已經落入窠臼。我開始感覺到，我的『數大不是美』系列已經變成我的日常工作。我還想要嘗試更多，因為我有太多議題想要呈現，而我現在所做的，感覺上不再是兼具創意和風險的事。於是，我到中途島（Midway Island）去拍攝肚子裡全是塑膠垃圾的信天翁幼鳥屍體。這是具有創意但也含有風險的舉動——藝術界對於死鳥的照片可能沒有太大的好感。不過，當我把照片放上我的網站時，這些照片得到比上次更熱烈的瘋狂傳播。」

當喬登意識到冒險比什麼都不嘗試還要好時，他確立了自己的天命。而在實現天命的過程中，他不斷向外拓展自己邊界。這帶給他豐富的人生，雖然這人生並不一定總是順遂。

「一路走來，我的心中始終存在著強大的焦慮感。如果你要我向想要實現夢想的人說些什麼，我想說的是：要學會忍受焦慮。」唯有付出這個代價，你才有資格問「接下來呢？」這個問題。不過在你付出這個代價後，你會達到截然不同的滿足層次。

如同喬登的故事所展現的，發現天賦的過程可能充滿風險。然而，假如你刻意忽略內心的召喚，你就必須承擔另一種風險。假如你已經找到自己的天命，而且決意要忽略它，你就必須壓抑受到天命吸引的那個部分的自己。而結果可能是，你會感受到一種壓抑自己的隱約心痛，因為你明知自己的人生可以充滿向前推進的動力。喬登和邁爾斯醫師的故事都說明了一個原則：你的起點無法決定你人生的最終走向。

練習十四：你的初始行動計畫

假如你確實做了每個練習，你現在應該已經累積不少從前面十三個練習所得到的材料、影像、想法與感覺，也已經思考過五十多個問題了。當然，我無從得知在追尋天命的心路歷程中，你已經來到哪個階段。你現在可能已經完全清楚自己想要朝哪個方向前進，想到達哪個目的地。同樣的，你也可能還在一堆可能性中整理挑選，並且對某些事情比較確定。比方說，你可能對自己的天賦比較了解，而對自己的熱情還沒有太多頭緒，或是恰好相反。

不論你來到哪個階段，現在都應該花一點時間檢視一下你做過的所有練習，盤點一下自己已經釐清的部分。

現在請你：

- 拿一大張紙，在上面畫四個圓。讓這四個圓在中心產生交集，也就是你在小學時學過的維恩圖（Venn diagram）。
- 為每個圓圈命名：天賦、熱情、態度與機會。
- 在每個圓圈內，寫下四、五個句子，說明自己接下來需要做些什麼，才能更深入了解自己的這個部分。盡可能朝務實可行的方向來寫。

- 你應該認真考慮在一段時間內採行這些做法。但要從哪個開始做起呢？
- 把你寫下的所有句子都看過一遍，然後仔細思考。當你想清楚後，為這些句子標記優先順序。你可以用數字、顏色或是任何其他的方式做標記。
- 當你覺得這個順序沒有問題後，把第一優先的句子寫在圓圈交疊的地方。
- 把這四個步驟當作你的初始行動計畫。
- 請記住，你無法為整個人生作計畫——你只能規劃眼前的幾小步。

保持開放的心態很重要，因為你的一生可能不只有一個天命。有些人覺得自己可以同時熱愛好幾件事；有些人發現自己的熱情會隨著時間轉變。找到你現在的天命，並不表示你永遠被局限在這個領域裡。事實上，當你問過自己「接下來呢？」之後，你很可能會開始改問「還有什麼？」。

還有什麼？

我們稍早曾提過奧格威從農夫轉變為廣告人的巨大變化，其實還有很多其他的例子。

舉例來說，瑪莎・史都華（Martha Stewart）一開始的職業是模特兒，她用這筆收入來繳交巴納德學院（Barnard College，她修了藝術、歐洲史和建築史等課程）的部分學費，因為她的獎學金不足以付清學費。畢業後，她仍然持續從事模特兒的工作，為布蕾克洗髮精（Breck）、可麗柔洗髮精（Clairol），甚至是泰若頓香菸（Tareyton）代言，在平面廣告和電視廣告中亮相。一直到多年後，她與丈夫遷居到康乃狄克州的西港、買下一八〇五號農舍並重新整修，她那生活品味大師的技巧才得以展現。

搬到西港後，基於對食物的熱愛，她開始嘗試經營外燴事業，然後出了一系列的書，最後再演進為她現在擁有的生活品味事業帝國。

珍娜・羅賓森（Janet Robinson，和我沒有親屬關係）原本是新英格蘭（New England）一間公立學校的老師，後來決定投身商業世界，在紐約時報公司（The New York Times Company）工作。她在課堂上是個活力充沛的老師，轉戰商場後，表現同樣令人刮目相看。

她之後從業務部轉任紐約時報公司女性雜誌集團的廣告業務與行銷部門資深副總，然後再轉任《紐約時報》總裁兼總經理，現在她是紐約時報公司的總裁兼執行長。她經常獲選為媒體界最有影響力的女性，而她仍然不時教導其他人一些事情。

塔琳・羅斯（Taryn Rose）和邁爾斯醫師不同，她很小的時候就確立了當醫生的事業藍圖。她的父親是一位病理學醫師，而且一直認為她將來會繼承衣缽。羅斯後來到南加州大學醫學院（USC Medical School）就讀，並且完成實習，成為骨科醫生。她工作時必須長時間穿高跟鞋站立，而她又發現許多女性患者的疾病都與她們穿的鞋子有關。於是她突發奇想，覺得一定有方法可以做出既好看又好穿的鞋子，而她正是最合適做這件事的人選。

因此，她開了一家以自己的名字來命名的公司，並在接下來的三年裡，努力推動她的營運計畫。很快的，她的鞋子就成為極具知名度而且廣受喜愛的品牌。《快速企業》（*Fast Company*）雜誌將她列為「改變遊戲規則的二十五位女性創業家」（25 Women Entrepreneurs Who Are Changing the Game）之首。在這個名單中，她是唯一的骨科醫師。

打破窠臼

不可諱言的，我們都習慣把人按照年齡、口音、外表、性別、種族與職業（尤其是職業）貼上標籤。當人們初次見面時，最常問的問題是，「你從事哪個行業？」然後，他們就會根據你的答案來調整對你的態度。我們也會在不知不覺中對自己做了這樣的歸類。

我拒絕在本書中將人分類，因為沒有人能完全被歸類在某個類型裡。即使如此，人們仍然習慣用標籤把人分類，然後依照這標籤形成對你的看法，很少人能逃離巴納姆效應的影響。

有一家企管顧問公司運用一種成功的方法，讓來自不同公司的團體一同參與優先順序與策略的腦力激盪，其中一種做法是，不在成員戴的識別證上標示職稱。於是，你有可能和另一家公司的執行長、財務長或是菜鳥業務員合作，你不會知道對方的身分。這麼做的原因，是讓團體成員於把焦點集中在彼此的貢獻程度，而不是他的角色或地位。

練習十五：給支持者的信

現在，請記得標籤可能產生的效應，然後進行下面的練習：

請想像你不是你，而是某個剛認識你，已經和你聊過天，了解你的興趣、態度、希望與夢想的人。請想像這個人正在寫信給別人，他在信裡談到你的事，而他寫信的對象想要支持你未來的計畫。這個人對你沒有任何先入為主的想法，只是想進一步了解你。

請你以第三人稱的方式來描述你自己：亦即，「〇〇（請代入你的名字）特別喜歡……」。不要提到你的年齡、性別、種族、身分背景或是現況。你要描述的是你的興趣、能力與抱負，以及你覺得你接下來必須學習和想要體驗的事物。描述你的個人特質、你最看重的成就，以及你希望將來得到的機會。

請用最快的速度寫這封信，運用晨間日記與自由書寫的技巧，想到什麼就寫什麼，盡量多寫一點。不要考慮修改編輯的問題。

在寫的同時，可以看一下你在第七章做的SWOT分析，以取得構想和靈感。請記住，你要把自己當成對你不熟的人，這個人不知道你的好友、家人或同事對你的看法。換句話說，請你從陌生人的角度來看你自己。

當你寫完這封信時，把信看過一遍，然後記下重點。運用這些重點，為你現在想要採取的步驟畫出一張心智圖，也就是你想要進一步了解的興趣、天賦與人生的下一步。檢視這些步驟，問問自己該怎麼做，才能達成這些目標。

當「接下來」是唯一的選項

有些人會避免問自己「接下來呢？」，這種人通常有一個很好的理由，那就是他不需要問這個問題。你現在的生活雖然不是那麼精采，但也已經夠好了。更重要的是，這種生活很安全——你的收入不錯、同事敬重你、周遭的人認為你很成功。儘管你可能想要知道自己能不能織出一條圍巾、經營一家水療館或是教英文，你其實並沒有改變現狀的動力。假如你的世界被攪得亂七八糟……也許還有可能產生動力。不過，現在一切都很好，為什麼要打亂呢？

也許，被搞得亂七八糟的人生，也有值得我們學習的地方。假如馬克・弗蘭克朗（Mark Frankland）沒有突然失業，他就不會發現自己的天命。馬克曾經為他的老婆寫過一首歌，裡面有一句非洲諺語，「人生就像是吃下一頭大象一樣，你必須一口一口慢慢吃。」不過他當時並不知道，這句話恰好掌握了他追尋天命過程的精髓。

「我想，當你要克服一個巨大的障礙時，」他對我說，「重點不在於看問題有多嚴重，而在於試著找出你應該採取的下一步。有時候，這一步很極端，而有時候，就只是一小步而已。有時候，一件小事就可以大幅改變你的人生。」

馬克很小的時候，音樂就在他的人生中扮演非常重要的角色。只不過，他必須面對的障礙也很早就出現。「我總是在唱歌。當我上台表演時，我永遠是主唱。上小學的時候，學校有一個穆爾杯（Muir Cup）歌唱比賽。每年的金牌和銀牌都會頒給比我更高年級的學長姊。在小學的最後一年，我覺得應該終於輪到我拿金牌了，因為我在前一年拿到銅牌，而金、銀牌的得主已經升上中學。結果，我的老師為了懲罰我沒有做功課或是為了其他原因，不讓我參加這個比賽。我至今對這件事仍然耿耿於懷。」

另一個阻礙是，馬克來自一個破碎家庭。這導致他一直在尋求父親的認可，於是也影響了他的職業選擇，使得他遠離了音樂的世界。

「我花了好幾年追尋我父親會引以傲的職業。我父親是一位土地測量員，他為了建造私人醫院，跑遍全國。我試著要發展老爸會認可的事業。我只是想當個乖兒子，但是我這個乖兒子過得並不快樂。」

「我嘗試過各種行業。我最近一項嘗試是當個電視製作人，很多人都會認為這是一個光鮮亮麗的職業。這個行業的創意部分，我還滿喜歡的，但是公司的財務狀況突然急速惡化，已經沒有財力再製作節目，於是我轉到業務部門。這份工作，我做了八年，因為收入很不錯，這時候我已經有了老婆、小孩和一隻狗——該有的都有了。這份工作好像很適合我，但我的內心深處始終有一種揮之不去的壯志未酬感覺。我找不到人生的意義。我的工作讓我感到茫然，於是我必須面臨兩個選擇，其一是繼續做這份我不喜歡的工作，其二是在同樣的產業裡再找另一份工作。但這兩個選項我都不喜歡。」

後來，馬克的選項變得更少了，因為他可以清楚看見，他的職位即將被公司裁撤。

「情況慢慢變得明朗，而我也重新開始唱歌。喝醉的時候，我會在酒吧裡唱一首關於花園小矮人的歌。那就是我音樂生涯的極限。不過，我從前時常為親朋好友的婚禮或受戒禮寫歌。我很樂意在家人面前唱歌，但如果沒有喝醉，我沒有辦法在不認識的人面前唱歌。我姊姊過四十歲生日時，我寫了一首歌給她，而且在生日派對上演唱，有些同事也聽到了我的演唱。結果，他們全都對這首歌讚譽有加。後來，有一次我到酒吧喝酒，那天剛好是開放舞台之夜，於是我照例在喝醉後唱了那首花園小矮人的歌，結果有人說，『你為什麼不唱那首你寫給你姊姊的歌？』後來當我真的工作不保時，我想起自己年輕時經常花很多時間品評分析許多唱片。於是我想，也許我可以試著走走這條路。」

「我老婆建議我，與其上夜校學習音樂製作，不如去大學拿個學位。我住在倫敦南方三十公里外的地方，那裡有一所現代音樂學院（The Academy of Contemporary Music）。它自稱是歐洲最好的搖滾音樂學校。當我去那所學校實地勘查時，我帶著十四歲的女兒和我一起去，作為備案。我那時發現，那裡也有企管學院。這是我在無意中發現的，但假如我沒有去那裡，就不會發現這件事。」

馬克在失去工作時被迫進入新環境，但他卻在這裡找到了前所未有的工作抱負。他在人生的關鍵時刻面臨了一個重大的挑戰——就像即將要吃下一頭大象一樣——但由於這是他真正想做的事，他可以找到實現夢想的動力、決心與態度。

在老婆的全力支持下——這一點非常重要，因為現在少了他的薪水幫忙付房貸——他以全職學生的身分申請入學，然後拿到了創意與商業經營的學位，這兩個領域在音樂產業中屬於兩個相反的極端。在寫畢業論文時，他非常清楚地看見自己的人生方向。

「在小學時代，每個人都非常有創造力，而且相信自己可以做任何事，但隨著年齡的增長，這些信念就慢慢流失了。我的畢業論文就是探討為何會如此。小學畢業之後，下一次想要全心投入自己的興趣，就要等到退休以後了。我不懂為什麼會這樣。我看見有無數民眾排著長長的隊，只為了報名參加『X音素』（*The X Factor*）和『英國達人』這類的選秀節目。這充分展現了人們想要尋找人生意義的渴望。」

基於這個理解，馬克成立了「我的老天」唱片公司（Good Gracious Music），它的宗旨是幫助人們實現錄製唱片與發行單曲的夢想。「我成立唱片公司，是為了讓人們知道，你不必成為超級搖滾巨星，也可以製作音樂或是發行唱片，尤其是在現今這個世界，你可以自己在網路上發表作品。我的唱片公司現在主要在找三十歲以上、年輕時曾經玩過樂團的人，我們請他們重回錄音室，並再次嘗試寫歌。」

年輕時，馬克的心理還沒有準備好要在音樂界發展。與追尋天賦的渴望相較，他更看重對家人的義務。然而，就在失去工作與財務安全網的同時，他覺得開始吃那頭大象的時候已經到了。他的太太願意挑起養家的重擔，而他也從所有的家人那裡得到支援，包括他的父親——馬克長久以來想要取悅的人，而且曾經為了他而遠離音樂。

多年前，一位老師奪走馬克拿金牌的音樂夢想，如今，馬克在他熱愛的領域中謀生。「我的老天」唱片公司現在已邁入第四年，而且仍持續成長中。假如他原本的工作沒有出現危機，他很可能永遠也不會去實現他的天命。

我想，我們全都可以從馬克的例子學到一些東西。當我們從現有的工作轉換到與夢想比較接近的工作時，往往必須承受很高的風險。不過，冒險本來就會有風險。中國人用「鐵飯碗」來形容可以做一輩子的工作，然而，在現今這個全球經濟充滿不確定性的時代，這種工作是否真的存在？

同時，我時常聽到像馬克這樣的故事，這些故事的主角在突然間失去了「穩定」的工作，但隨後找到方法度過財務難關，並為自己創造有意義的嶄新人生。

我絕不會建議你放棄現有的安全感，但如果你覺得新的嘗試會比你現在的工作更有意義，你就應該考慮勇敢地跨出那一大步，並且相信你的保護網會適時出現。這有點像是「把每一天當作人生的最後一天」那種哲理。當然，這種論點根本不合理。假如我把每一天當作人生的最後一天來活，我的生活方式很可能會讓我的最後一天提早到來。

即使如此，人往往會因為情勢所逼而激發出意想不到的創意。這樣的情勢可以為你帶來你所需要的推動力，迫使你不僅要問「接下來呢？」，還要設法找出答案。

可塑性極高的哺乳類動物

我在第二章提到，人類與地球上的其他生物有著極大的差異。我現在再告訴你另一個你可能從沒想過的不同點。

人類是唯一在出生後無法獨自因應現實情況的哺乳類動物。我們都看過這樣的影片：小馬在出生的幾個小時後，就可以用細細的四肢站立，然後開始奔跑；小狗一離開母體，就會開始亂咬家具（並且被你用特寫鏡頭拍下影片，放上YouTube）。反觀人類的新生兒，出生後什麼也不會。我們可能會以充滿驚嘆的眼神欣賞他們，但這只是單向的互動。如果沒有其他人的照顧，大多數新生兒活不過幾天。

「就許多方面來看，新生兒仍然只是胎兒，而不算是嬰兒，」哈維・卡爾普醫師（Harvey Karp）在他的著作《讓小baby不哭不鬧的5大妙招》（*The Happiest Baby on the Block*）中如此說道：「假如你的寶寶可以晚三個月出生，當他出生時，就已經會微笑、發出嘰哩咕嚕的聲音、而且對你作出反應。（誰不希望自己的寶寶一出生就會這樣做！）」

卡爾普醫師當然知道，要延遲三個月生小孩是不可能的事。不過他卻堅信，如果所有的嬰兒（尤其是有腸絞痛的寶寶）能在類似子宮的環境裡度過「第四孕程」，那將會是最理想的情況。為了減緩從母親子宮轉換到外在世界的衝擊，卡爾普醫師提出五個可以引發「安撫反射」的方法——緊包、噓聲、搖晃、側躺和吸吮。全世界有數百萬對父母因為卡爾普醫師的建議而得救，他們運用這些方法讓孩子——以及他們自己——得到平靜。

這個「第四孕程」觀念是一個強有力的比喻，可用來說明我們該如何以最佳方式生活。

如同寶寶出生時其實還沒發展完全，即使我們的身體已經成熟，我們還沒有真正完成成長與演進的歷程。不論你自覺處於人生哪個階段，你最傑出的成就可能還沒出現。

以甘地為例，他身為律師，多年推動不合作主義，已經是非常傑出的成就。但一直要到他六十一歲時，他率領群眾遊行將近四百公里，抗議英國對印度的殖民統治，他才對印度以及全世界產生了實質的影響。

再以法蘭克・麥考特（Frank McCourt）為例。他當了數十年的老師，擁有相當不錯的成就。但直到他六十多歲初次提筆寫小說，寫下《安琪拉的灰燼》（*Angela's Ashes*）讓他晉身世界知名的暢銷書作者。

「公民企業」（Civic Ventures）是一個「以嬰兒潮世代、職業與社會公益為主軸的智庫」，它了解到，有豐富工作經歷的人，可以對社會做出更多的貢獻。因此，它推動一系列活動，以展現「豐富的經驗有助於解決嚴重的社會問題」。其展現方法包括它的網站encore.org，這個網站匯集了許多資源、連結與真人實事的勵志故事；針對嬰兒潮世代（譯注：現年四十八到六十六歲的中老年人）的大學就學計畫，以訓練他們再度就業的能力；讓經驗豐富的專業人士協助公益團體進行短期合作計畫。

「公民企業」所推出最有意義的活動之一，就是「公民企業人生目標獎」（Civic Ventures' Purpose Prize）。它每年頒發十萬美元獎金給五位超過六十歲、而且做出「改變世界」貢獻的得主。二〇一一年的其中一位得主是藍道．查爾頓（Randal Charlton）。

查爾頓的人生哲學是追隨靈感，隨心所欲。他曾經擔任生命科學記者、幫沙烏地阿拉伯的一位酋長蓄養乳牛、開一家爵士樂俱樂部，並且創立多家公司，其中一家公司在首次公開募股（IPO）時創下天價，使得他可以提早退休。唯一的問題是，他覺得退休生活太無聊了。

他告訴我：「我還沒有準備好要靠打高爾夫球或推圓盤遊戲度日。我的人生還不夠完美，我覺得我需要人生目標。」

查爾頓不在悠閒的嗜好中尋找人生目標，而是跑去底特律拜訪偉恩州立大學（Wayne State University）的校長，問他學校有沒有用得上他的地方。結果校長認為，學校裡有一個職務，如果由查爾頓這樣多才多藝的人來做，一定會非常成功。於是，查爾頓很快就擔任起「科技城」（TechTown）的執行總監。

科技城是底特律的一個創業育成中心，它的使命是讓底特律的經濟起死回生。查爾頓向校長表示，他雖然商業經驗豐富，但是資歷並不符合這個職務的要求。校長對他說：「不用擔心。你學得會。」

結果，查爾頓不但學會了，還做得有聲有色——而且在這個過程中，受到很大的激勵。「這可能是我所做過最有成就感的工作。在我的職業生涯中，我犯過不少錯誤——每個人都免不了會如此。能夠把我所學到的教訓傳承給年輕一代的創業家，讓我既興奮又欣慰。更重要的是，底特律的經濟正日益惡化。在這裡，任何一家新企業的創立，就像是贏了美式足球超級盃一樣讓人振奮。這帶給我極大的成就感。」

「底特律的失業率高達20％，另外還有很多人做著大材小用的工作。此外還有種族問題，而汽車業也幾近崩盤狀態——這是最嚴重的問題。一切的一切，都需要我們在底特律創造一個更有創業精神的文化，而科技城正是最重要的關鍵推手。」

當查爾頓接手時，進駐科技城的公司很少，而科技城所擁有的資源，更是少得可憐。如今，科技城裡進駐了兩百五十家公司，它訓練出成千上萬位創業家，並且幫助客戶募得了超過一千四百萬美元的資金。對於底特律的經濟振興，科技城扮演了重要的角色，同時成為其他創業育成中心仿效的典範。

「在職涯的尾聲能夠這樣向自我挑戰，讓我覺得非常值得。當你開始對工作感到得心應手時，你就要小心了，因為你已經陷入了一個慣性模式，不再充分鍛練你的腦力和體力了。」

這些例子在在顯示，你的人生不一定只有一條路可走。你的人生不需要受限於一種天命。有些人發現自己同時愛上好幾樣事；有些人發覺自己的興趣會隨著年齡的增長而改變與演進。你現在找到的天命，並不意味著你從此只能守著這個天命過一輩子。你的人生可以擁有多種面貌，不斷演化，而且處在持續成長並充滿各種可能性的過程中。

幾個問題

- 什麼樣的經驗是你未曾經歷、但想要嘗試的？
- 有哪些事情是你過去喜歡做、而現在想再次嘗試的？
- 是什麼因素導致你現在不做這些事了？
- 假如一定會成功，你最想做什麼事？
- 你如何調適財務環境的變化？
- 在緊要關頭，你可以倚靠什麼樣的資源？
- 接下來呢？

第十章

過著充滿熱情與使命感的人生

不斷追尋天命，
找到自己的夢想和實現夢想所需要的條件，
並且努力加以實踐，
可以讓你在人生旅途中獲得喜樂、信心與勇氣，
不留下遺憾。

在本書開端，我曾提出一個問題：這個世界上曾經降生過多少人？而我也說，最合理的估計應該是在六百億到一千一百億人之間。

儘管有如此多的人類曾經出現在這世上，但每個人都是獨一無二的，而每個人的人生也各不相同。

人類有個重要的天賦：我們有很強的創造力，只要我們願意，這個創造力可以讓我們不斷改造自己的人生。不論你志在改變全世界，還是只改變你自己，你的能力範圍受限於你的處境，但你的想像力也扮演了非常重要的角色。這是個亙古不變的事實。

你追尋天命的旅程是獨一無二的。打從人類存在以來，人類就展開了生命的旅程。從古至今，文學家與哲學家都指出相同的原則，而這些原則正是所有偉大神話、人類冒險與成就故事的核心。

坎貝爾研究英雄的旅程，其目標也在於找出這些原則。坎貝爾說：「所謂美好的人生，就是一個接著一個的英雄旅程，不斷延續下去，因為你受到了冒險世界的召喚，受到了嶄新境界的召喚。每一次，你面對的都是同一個問題：我敢嗎？然後，如果你敢，你會遭遇危險，但也會得到援助，你得以實現人生或是徹底失敗。失敗的可能性永遠都在，但是，同時你會體會到內心的喜悅。」

所有的追尋之旅都帶有風險，而且你無法預見所有的風險。然而，這些追尋之旅也帶來了機會，同樣的，你無法預見所有的機會。

你只能先選定一個方向，然後向前跨出幾步。接著，你必須以開放的心胸，面對各種風險與可能性，並且給予回應。這就是創造性歷程的運作方式，也是有機歷程塑形與演化的方式。金恩博士曾說：「先以信心踏出第一步。你不需要看見整座階梯，只要踏出第一步就好。」當他說這句話時，心裡想的就是這個道理。

你雖然無法預測未來，但是你可以向前方眺望。你覺得你的人生旅程有多長？幸運的是，沒有人知道答案。假如一切順利，你可能會活到八十、九十歲，甚至是一百歲。假若你覺得現在的人生非常無趣或是不順遂，那麼，這樣的壽命長度對你而言可能有點太長。不過，從巨觀的角度來看，一百年也只不過是一眨眼的時間。

你希望享受人生，還是忍受一生？當然，有些人不想變老，而變老確實會帶來一些挑戰。如同美國女演員貝蒂・戴維斯（Bette Davis）所說的：「精神脆弱的人不要輕易嘗試變老的滋味。」即便如此，有一句古老的諺語是這麼說的：「不要因為變老而感到遺憾；許多人還沒有機會變老呢。」事實的確如此。

有人曾說，當你看到刻在墓碑上的生卒日期時，其實最重要的部分，是兩個日期中間的那個破折號。他們在破折號所代表的那段期間，都做了些什麼？這是個值得深思的好問題。對於那些已經走到人生旅程終點、看盡世間風景的人，我們可以從他們身上學到一些重要的人生心得。

布蘭妮・威爾（Bronnie Ware）在安寧療護的領域工作多年，她照顧的是絕症病人，這些病人都知道自己不久於人世。布蘭妮陪伴他們走完人生最後的三到十二週。她說，當人們面對死亡時，他們的心靈會得到許多成長。「我從他們身上學到一件事，那就是絕對不要低估一個人的成長空間。有些人展現出驚人的改變。他們每個人都經歷過各種情緒，包括否認、恐懼、憤怒、悔恨、更多的否認，最後是接受。但是每位病人在離世前都找到了內心的平靜，每一個人都是。」

當她問病人是否覺得人生中有任何遺憾，或是否會改變任何決定時，有幾個相同的答案一再出現。以下是最常見的幾個回答：

● 我真希望我有勇氣去過忠於自我的人生，而不是別人期望我過的人生

這是最多人懊悔的事。當人們意識到自己的人生將盡，回首前塵時，通常會發現，自己有太多夢想未曾實現。「大多數人有半數以上的夢想未曾實現，而到臨終時才意識到，是自己在人生中選擇做與選擇不做的事，累積成這樣的結果。」

● 我真希望自己沒有把大部分時間花在工作上

布蘭妮照顧過的每位男性病人都說了這句話，因為他們錯過了孩子成長的過程與人生伴侶的陪伴。也有女性提到這個遺憾，但大多屬於比較年長的世代，許多女性不需要負擔家計，但必須為家務操勞。「所有的男性病人，都深深懊悔自己把大部分的人生用來從事勞苦而無趣的工作。」

● 我真希望自己有勇氣表達自己的感覺

許多人為了維持與他人的和諧關係，而壓抑自己的感覺。於是，他們基於妥協，接受了自己並不想過的人生，也未曾放手去做自己想做的事。「許多人的病其實和他們心裡的苦悶與悔恨有關。」

● 我真希望自己能和好友保持聯繫

許多人在人生的最後幾個星期，才發現老朋友是多麼珍貴，而此時要再尋覓這些老友，已不是件易事。有些人只活在自己的世界裡，而讓珍貴的友誼隨著時間的流逝而淡去。「許多人相當後悔沒有撥出時間與心思好好經營友誼，每個人在臨終的時候都非常懷念過去的老朋友。」

● 我真希望我曾讓自己過得快樂一點

許多人一直到最後才意識到，快樂是可以選擇的。他們讓自己陷入傳統的模式與習慣。「熟悉感所帶來的『舒適』，湧入他們的情感與物質生活。由於恐懼改變，他們自欺欺人地說，他們很滿意自己現有的人生，但在內心深處，他們渴望重返純真年代，盡情歡笑，並且偶爾做做愚蠢傻事。」

布蘭妮與臨終病人的相處經驗，可以為前方還有漫長人生之路的人，提示一些簡單而重要的道理。以下是其中一些真理：

● 實現你的夢想

至少嘗試實現你的一部分夢想，這是非常重要的事。好好把握機會，尤其是趁身體健康的時候。人們往往要到失去健康以後，才意識到健康帶給我們多大的自由。

● 減輕重擔

當你簡化你的生活方式，並且有意識地做選擇之後，你可能會發現，你即使沒有賺那麼多錢、擁有那麼多物質，也可以過著令你滿足的人生。當你為生活騰出更多時間和空間之後，你可能會發現自己變得更快樂，心胸也變得更開闊。

●珍視自己的人生與感覺

你無法控制別人對你的反應。當你坦率地表達自己的感覺時，對方一開始可能會表現出負面的反應。不過，到最後，你們的關係一定會邁向更健康的新境界。假如結果不是這樣，那就表示你可以擺脫一段對你無益的關係。

不論結果如何，你都是贏家。

●珍惜所愛

人們面對即將來臨的死亡時，會想要釐清自己擁有的財產，這主要是為了自己所愛的人。然而，在做人生最後的盤點時，他們會發現，人生在世最重要的不是錢財或地位，而是愛與至親。人活到最後，也只剩下愛與至親而已。

我在第一章提到，為人生導航就像是在汪洋大海上航行一樣。你可以只朝向已知的海岸前進，或是為自己設定更有冒險精神的航道。馬克・吐溫（Mark Twain）也曾經用過這個比喻。「二十年後，真正會令你懊悔的，不是你曾經做過的事，而是那些你沒有做過的事。所以，解開纜索，駛出安全的港灣吧。讓信風鼓起你的船帆。探險、夢想、發現。」

我們多多少少都受到先天遺傳與後天環境的影響，於是，我們很容易就會以為，過去發生的事會決定我們的未來。美國詩人愛默生（Ralph Waldo Emerson）的想法卻剛好相反。他寫道：「過去發生的和未來即將發生的，遠遠不如現在正在發生的來得重要。」

追尋天命，就是尋找你身上正在發生的事。當你歸屬於天命後，你就可以改變未來即將發生的事。在短詩作品〈風險〉（Risk）中，阿娜伊斯・寧利用意象生動有力的比喻，使壓抑潛能的風險與釋放潛能的報酬形成對比：

然後，這一天來臨了，
緊包在
花苞裡的
風險
比
綻放開來的
風險
更令人痛苦。

就和大自然的萬物一樣，人類的天賦與熱情極為多樣，而且型態千變萬化。我們每個人都受到不同的夢想鼓舞，然後在不同的環境中綻放，或是凋萎。

假若你想要真正做自己，那麼辨識出自己的夢想以及實現夢想所需要的條件，對你而言是一件極為重要的事。

歸屬於天命並不能保證你的一生從此充滿喜悅與快樂。然而，它可以讓你的心更加篤定，知道自己是什麼樣的人，以及你可以擁有或應該擁有什麼樣的人生。

附注

序言

"The Forer Effect," *The Skeptic's Dictionary*, February 10, 2012, <http://www.skepdic.com/forer.html>.

Jerome K. Jerome, *Three Men in a Boat; to Say Nothing of the Dog!* (New York: Time, 1964).

第一章　天命的歸屬

Tony Buzan and Barry Buzan, *The Mind Map Book: How to Use Radiant Thinking to Maximize Your Brain's Untapped Potential* (New York: Plume, 1993).

"Eric Schmidt: Every 2 Days We Create as Much Information as We Did Up to 2003," *TechCrunch*, July 4, 2012, <http://techcrunch.com/2010/08/04/schmidt-data/>.

D. Evans and R. Hutley, "The Explosion of Data: How to Make Better Business Decisions by Turning 'Infolution'

Into Knowledge," *Cisco IBSG Innovations Practice* (2010), <www.cisco.com/go/ibsg>.

Eckhart Tolle, *The Power of Now: A Guide to Spiritual Enlightenment* (Novato, CA: New World Library, 1999).

“How Many People Can Live on Planet Earth?” Top Documentary Films, February 8, 2012, <http://topdocumentaryfilms.com/how-many-people-can-live-on-planet-earth/>.

Judith Butler, *Precarious Life: The Powers of Mourning and Violence* (London: Verso, 2004).

George Kelly, *A Theory of Personality: The Psychology of Personal Constructs*, (New York: W. W. Norton, 1963).

Vivek Wadhwa, “Silicon Valley Needs Humanities Students,” *Washington Post*, May 18, 2012; accessed July 04, 2012, <http://www.washingtonpost.com/national/on-innovations/why-you-should-quit-your-tech-job-andstudy-the-humanities/2012/05/16/gIQAvibbUU_story.html>.

Anne Fisher, “Finding a Dream Job: A Little Chaos Theory Helps,” TimeBusiness, March 4, 2009; accessed

December 30, 2011, <http://www.time.com/time/business/article/0,8599,1882369,00.html>.

Katharine Brooks, *You Majored in What? Mapping Your Path From Chaos to Career* (New York, NY: Viking, 2009).

Julia Cameron, *The Artist’s Way: A Spiritual Path to Higher Creativity* (Los Angeles, CA: Jeremy P. Tarcher/Perigee, 1992).

第二章　你擅長什麼？

“El Sistema: Social Support and Advocacy Through Musical Education,” Distributed Intelligence, October 11, 2011, <http://mitworld.mit.edu/video/769>.

Charlotte Higgins, “How Classical Music Is Helping Venezuelan Children Escape Poverty,” *The Guardian* Music,

October 11, 2011, <http://www.guardian.co.uk/music/2006/nov/24/classicalmusicandopera>.

"Venezuela—El Sistema USA," El Sistema USA, October 11, 2011, <http://elsistemausa.org/el-sistema/venezuela/>.

Daniel J. Wakin, "Los Angeles Orchestra to Lead Youth Effort," nytimes.com, October 11, 2011, <www.nytimes.com/2011/10/05/arts/music/los-angeles-philharmonic-to-lead-a-sistema-style-project.html>.

"Jose Antonio Abreu," TED Profile, ted.com, October 11, 2011, <http://www.ted.com/speakers/jose_antonio_abreu.html>.

Jon Henley, "Jamie Oliver's Fifteen: A Winning Recipe," *The Guardian* News and Media, April 9, 2012, accessed

June 7, 2012, <http://www.guardian.co.uk/society/2012/apr/09/jamie-oliver-fifteen-winning-recipe>.

"Jamie Roberts," *Fifteen Cornwall*, June 8, 2012, <http://www.fifteencornwall.co.uk/apprentice-chefs/Jamie%20Roberts.pdf>.

"About StrengthsFinder 2.0," strengths home page, September 30, 2011, <http://strengths.gallup.com/110440/about-strengthsfinder-2.aspx>.

"CareerScope® V10 | VRI," Vocational Research Institute, September 30, 2011, <http://www.vri.org/products/careerscope-v10/benefits>.

"General Aptitude Test Battery," Career Choice Guide, September 30, 2011, <http://www.careerchoiceguide.com/general-aptitude-test-battery.html>.

"Ability Profiler (AP)," O*NET Resource Center, September 30, 2011, <http://www.onetcenter.org/AP.html>.

"Blazing a Trail," *Financial Times Ltd*. Asia Africa Intelligence Wire, 2005, accessed October 11, 2011.<http://www.accessmylibrary.com>.

第三章　你如何知道？

"The Story of Sam," Learning Beyond Schooling June 1, 2012, <http://learningbeyondschooling.org/2011/05/21/the-story-of-sam-

dancing/>.
"David A. Kolb on Experiential Learning," Informal Education home page, December 22, 2010, <http://www.infed.org/biblio/b-explrn.htm>.
"Learning Styles," North Carolina State WWW4 Server, December 22, 2010, <http://www4.ncsu.edu/unity/lockers/users/f/felder/public/learning_styles.html>.
VARK—A Guide to Learning Styles, December 22, 2010, <http://www.vark-learn.com/english/index.asp>.
Centers for Disease Control and Prevention, December 12, 2011, accessed July 4, 2012, <http://www.cdc.gov/ncbddd/adhd/prevalence.html>.
Gardiner Harris, "F.D.A. Is Finding Attention Drugs in Short Supply," *The New York Times*, January 1, 2012,
accessed July 4, 2012, <http://www.nytimes.com/2012/01/01/health/policy/fda-is-finding-attention-drugs-inshort-supply.html?pagewanted=all>.

第四章　你熱愛什麼？

Brian Norris, "What Is Passion?" briannorris.com, January 27, 2012, <http://www.briannorris.com/passion/what-is-passion.html>.
George Washington Institute for Spirituality and Health, George Washington University, January 27, 2012, <http://www.gwumc.edu/gwish/aboutus/index.cfm>.
George E. Vaillant, *Spiritual Evolution: A Scientific Defense of Faith* (New York: Broadway, 2008).
"Interesting Facts About Nervous System," Buzzle Web Portal: Intelligent Life on the Web, October 10, 2011, accessed January 27, 2012, <http://www.buzzle.com/articles/interesting-facts-about-

nervous-system.html>.
Smalley, Susan L., and Diana Winston. *Fully Present: The Science, Art, and Practice of Mindfulness*. (Cambridge, Mass: Da Capo Lifelong, 2010).
The Joseph Campbell Foundation home page, November 17, 2011, <http://www.jcf.org/new/index.php?categoryid=31>.
Thérèse, *India's Summer* (Stamford, CT: Fiction Studio, 2012).

第五章　什麼令你快樂？

Dan Baker and Cameron Stauth, *What Happy People Know: How the New Science of Happiness Can Change Your Life for the Better* (Emmaus, PA: Rodale, 2003).
"New Study Shows Humans Are on Autopilot Nearly Half the Time," *Psychology Today*, November 14, 2011, accessed December 20, 2011, <http://www.psychologytoday.com/blog/your-brain-work/201011/new-studyshows-humans-are-autopilot-nearly-half-the-time>.
"Current Worldwide Suicide Rate," ChartsBin.com—Visualize Your Data, December 30, 2011, <http://chartsbin.com/view/prm>.
Andrew Weil, *Spontaneous Happiness* (New York: Little, Brown, 2011).
"Martin Seligman—Biography," University of Pennsylvania Positive Psychology Center, January 27, 2012, <http://www.ppc.sas.upenn.edu/bio.htm>.
Viktor E. Frankl, *Man's Search for Meaning* (Boston: Beacon, 2006).
Martin E. P. Seligman, Authentic Happiness: Using the New Positive Psychology to Realize Your Potential for Lasting Fulfillment (New York: Free Press, 2002).
"World Database of Happiness," Erasmus University, Rotterdam, February 9, 2012, <http://www1.eur.nl/fsw/happiness/>.

Sonja Lyubomirsky, *The How of Happiness: A New Approach to Getting the Life You Want* (New York: Penguin, 2008).

Matthieu Ricard, *Happiness: a Guide to Developing Life's Most Important Skill*, Introduction, (New York: Little, Brown, 2007).

Robert Chalmers, "Matthieu Ricard: Meet Mr Happy," *The Independent* Profiles—People, November 22, 2011, <http://www.independent.co.uk/news/people/profiles/matthieu-ricard-meet-mr-happy-436652.html>.

Gretchen Rubin, *The Happiness Project: Or, Why I Spent a Year Trying to Sing in the Morning, Clean My Closets, Fight Right, Read Aristotle, and Generally Have More Fun* (New York: Harper, 2011).

Gretchen Rubin,."How to Be Happier—in Four Easy Lessons," The Happiness Project, November 22, 2011, <http://www.happiness-project.com/happiness_project/2009/07/how-to-be-happier-in-four-easy-lessons.html>.

Indra Nooyi, "Indra Nooyi's Mantras for Success," Rediff News, November 29, 2011, <http://www.rediff.com/money/2008/sep/12sld4.htm>.

Daniel Todd Gilbert, *Stumbling on Happiness* (New York: Vintage, 2007).

"Indra Nooyi's Graduation Remarks," *businessweek.com*. November 29, 2011, <http://www.businessweek.com/bwdaily/dnflash/may2005/nf20050520_9852.htm>.

Free The Children home page, November 30, 2011, <http://www.freethechildren.com/>.

"Inspirational Kids: Craig Kielburger," Welcome to EcoKids Online, November 30, 2011, <http://www.ecokids.ca/pub/eco_info/topics/kids/craig.cfm>.

Jerrilyn Jacobs, "The My Hero Project—Craig Kielburger," The My Hero Project, November 30, 2011, <http://myhero.com/go/hero.

asp?hero=c_Kielburger>.

Tracy Rysavy, "Free the Children: The Story of Craig Kielburger," YES! Magazine, November 30, 2011, <http://www.yesmagazine.org/issues/power-of-one/free-the-children-the-story-of-craig-kielburger>.

第六章　你的態度是什麼？

"About Me," *Massage by Sue Kent*, Enjoy Feet Massage and Jewellery, accessed July 2, 2012, <http://www.enjoyfeet.co.uk/sue_kent.html>.

Carol S. Dweck, *Mindset: The New Psychology of Success* (New York: Random House, 2006).

Kathy Kolbe, kolbe.com home page, accessed July 4, 2012, <http://www.kolbe.com/>.

"Better Results Through Better Thinking," Herrmann International, July 4, 2012, <http://www.hbdi.com/home/>.

"Personality Type!" February 10, 2012, <http://www.personalitytype.com/>.

Personality and Individual Differences Journal home page, Elsevier, February 10, 2012, <http://www.journals.elsevier.com/personality-and-individual-differences/>.

"Test Your Optimism (Life Orientation Test)," EHLT, February 10, 2012, <http://ehlt.flinders.edu.au/education/dlit/2006/helpinghands/lottest.pdf>.

William Grimes, "Mimi Weddell, Model, Actress and Hat Devotee, Is Dead at 94," *The New York Times* obituary,February 14, 2012, <http://www.nytimes.com/2009/10/06/movies/06weddell.html>.

Hats Off (2008), The Internet Movie Database (IMDb), February 14, 2012, <http://www.imdb.com/title/tt1194127/>.

Dennis McLellan, "Mimi Weddell Dies at 94; the Subject of 'Hats Off,'" *Los Angeles Times*, February 14, 2012, <http://www.latimes.com/news/obituaries/la-me-mimi-weddell4-2009oct04,0,7336710.story>.

第七章　你立足於何處？

"Education Is Not Always Linear, Student Argues," oklahomadaily.com, February 1, 2012, accessed August 3,2012, <http://www.oudaily.com/news/2012/feb/01/college-education-isnt/>.

第八章　你的族人在哪裡？

Jeffrey S. Minnich, "Plant Buddies—Plants That Grow Better When Next to Each Other," CBS Interactive Business Network, April 1, 1994, accessed July 2, 2012, <http://findarticles.com/p/articles/mi_m1082/is_n2_v38/ai_14988868/>.

"Claus Meyer: Manifesto," Claus Meyer: Forside, January 11, 2012, <http://www.clausmeyer.dk/en/the_new_nordic_cuisine_/manifesto_.html>.

Julia Moskin, "New Nordic Cuisine Draws Disciples" *The New York Times*, August 23, 2011, accessed January 11, 2012, <http://www.nytimes.com/2011/08/24/dining/new-nordic-cuisine-draws-disciples.html.

第九章　接下來呢？

Harvey Karp, *The Happiest Baby on the Block: The New Way to Calm Crying and Help Your Baby Sleep Longer* (New York, NY: Bantam, 2002).

"Success After the Age of 60," Google Answers, January 24, 2012, <http://answers.google.com/answers/threadview?id=308654>.
"About Civic Ventures Programs," *Encore Careers*, January 24, 2012, <http://www.encore.org/learn/aboutprograms>.
"Randal Charlton," *Encore Careers*, January 24, 2012, <http://www.encore.org/randal-charlton-0>.

第十章　過著充滿熱情與使命感的人生

Bronnie Ware, *The Top Five Regrets of the Dying: A Life Transformed by the Dearly Departing* (Carlsbad, CA: Hay House, 2012).

心理勵志 BBP330B

發現天賦之旅

Finding Your Element: How to Discover Your Talents and Passions and Transform Your Life

國家圖書館出版品預行編目(CIP)資料

發現天賦之旅
肯.羅賓森(Ken Robinson), 盧.亞若尼卡(Lou Aronica)著；廖建容譯. --
第一版. -- 臺北市：遠見天下文化, 2013.05
面；　公分. -- (心理勵志；330)

ISBN 978-986-320-197-7(平裝)

1. 自我實現　2. 成功法

177.2　　102009270

作者 — 肯・羅賓森（Ken Robinson）
盧・亞若尼卡（Lou Aronica）
譯者 — 廖建容

總編輯 — 吳佩穎
責任編輯 — 陳孟君、林麗冠（特約）
封面・美術設計 — 張議文

出版者 — 遠見天下文化出版股份有限公司
創辦人 — 高希均、王力行
遠見・天下文化 事業群董事長 — 高希均
事業群發行人／CEO — 王力行
天下文化社長 — 林天來
天下文化總經理 — 林芳燕
國際事務開發部兼版權中心總監 — 潘欣
法律顧問 — 理律法律事務所陳長文律師
著作權顧問 — 魏啟翔律師
地址 — 台北市 104 松江路 93 巷 1 號 2 樓

讀者服務專線 — 02-2662-0012 ｜ 傳真 — 02-2662-0007, 02-2662-0009
電子郵件信箱 — cwpc@cwgv.com.tw
直接郵撥帳號 — 1326703-6 號　遠見天下文化出版股份有限公司

電腦排版 — 立全電腦印前排版有限公司
製版廠 — 東豪印刷事業有限公司
印刷廠 — 柏皓彩色印刷有限公司
裝訂廠 — 中原造像股份有限公司
登記證 — 局版台業字第 2517 號
總經銷 — 大和書報圖書股份有限公司　電話／(02)8990-2588
出版日期 — 2018 年 9 月 10 日第一版第 1 次印行
2023 年 3 月 14 日第二版第 5 次印行

定價 — NT$400
EAN：4713510945698
英文版 ISBN 978-0670022380
書號 — BBP330B
天下文化官網 — bookzone.cwgv.com.tw

天下·文化

BELIEVE IN READING